図解
よくわかる

自治体公会計のしくみ

柏木 恵・天川竜治［著］

学陽書房

はじめに

　この本は、『図解よくわかる』シリーズとして、読者のみなさんが地方公会計のアレルギーから解放されることを願って、会計の考え方や会計に携わる際の心構え、公会計の特徴、職員の業務がラクになる自動仕訳、公会計情報の活用方法を示した本です。

　公会計の担当になって、その複雑さに悩んでいる方や、新卒や異動で、初めて公会計の担当になった方を主な読者対象としています。

　私はこれまで、多くの自治体職員のみなさんが公会計に悩み、戸惑う姿を見てきました。その負担を少しでも軽くしたいと思って、この本をつくりました。本書の特色として、膨大な会計知識をインプットする本とは異なり、図解形式を用いて易しく解説し、宇城市の事例を用いて具体的なやり方を紹介しています。

　また、たくさんのマニュアルを読み込んでも全体像が見えないと嘆く職員の方々に、これだけは知っておきたいという公会計のエッセンスを凝縮してコンパクトにまとめることとしています。

　この本は、宇城市財政課長の天川竜治氏との共著です。天川さんは長いこと公会計に携わり、会計事務所に出向し、宇城市の公会計を牽引してきました。宇城市の財務会計システムはとても使いやすく作られていました。天川さんとならば、自治体職員が直面している悩みに寄り添うことができるかもしれないと思い、共著執筆としました。

　私は、民間企業の経理部を経て、自治体の会計に興味ありませんかと誘われ、平成13年にシンクタンクに入社し、東京都の財務会計システムの最初の設計に関わりました。当時の東京都の要望は、「機能するバランスシート（当時）」を自動的に作成できる財務会計システムを考えてほしいということでした。その要望に応えるべく、東京都職員には従来通りの款項目節で入力してもらい、システム上に自動仕訳変

換テーブルを作成すれば、通常の官庁会計と東京都方式の財務諸表どちらも作成できると考えました。毎日のように、東京都の職員さんたちと議論を交わし、社内では48時間連続で仕訳を切り続けたことを今でも覚えています。

東京都という大規模自治体で、最も民間企業に近い、理想的な公会計システムを作ったと自負した私は、東京都のように自動仕訳にすれば、自治体の仕事はラクになるのに、なぜ浸透しないのかと悩むようになりました。どうしたら民間企業の財務会計的な考え方が広まるのか、抜本的な解決策が見つからないまま15年が過ぎました。

天川さんも東京都や韓国の事例を勉強され、宇城市独自の日々仕訳システムを作り上げていく中で、多くの自治体が抱えている課題をどのように解決したらいいか考えていました。このように共通の課題を抱えていた二人で考え抜いて作ったのが、この本です。そこで、本書後半では、宇城市の事例も紹介しています。

東京都と宇城市の共通点は、「日々の自動仕訳」です。日々の自動仕訳で官庁会計から公会計に変換すること、つまり仕訳は早い段階から導入すればするほど、自治体職員の手間は省かれ、そのアレルギーから解放されるカギになります。

読者のみなさんには、公会計アレルギーから一刻も早く解放され、公会計を自らと自らの自治体の強力なツールとして活用していただきたいと思います。

なお、本書の出版にあたり、いつも研究に専念できる環境を与えてくださっている一般財団法人キヤノングローバル戦略研究所の福井俊彦理事長ならびに事務局に心から感謝申し上げます。また、本書の発刊にご尽力いただいた学陽書房の宮川純一氏に深く御礼申し上げます。

　平成29年12月

　　　　　　　　　　　　　　　　　　　　　　　　柏木　恵

図解 よくわかる 自治体公会計 のしくみ

はじめに ……………… 3

1章　会計の知識はそんなにいらない

1　公会計は住民サービスへの第一歩 ……………… 10

2　地方公会計で何をするのか ……………… 12

3　地方公会計情報は誰に必要？ ……………… 14

4　地方公会計が仕事になる人 ……………… 16

5　官庁会計の中の地方公会計の位置づけ ……………… 18

6　官庁会計と地方公会計の元データは一緒 ……………… 20

7　公会計を自分たちのものにしよう ……………… 22

8　地方公会計はこう考えれば簡単 ……………… 24

9　今の業務に自動仕訳をプラス ……………… 26

10　複式簿記と発生主義は公営企業会計と一緒 ……………… 28

11　官庁会計と企業会計 ……………… 30

12　複式簿記 ……………… 32

13　発生主義 ……………… 34

コラム1　簿記を身に付けるにはどうしたらよいか ……………… 36

2章　これだけは知っておきたい！　公会計の様式と用語

1　『統一的な基準』に対して自治体がやること ……………… 38

2　4表の体系 ……………… 40

3	貸借対照表	42
4	貸借対照表──資産の部（借方）	44
5	貸借対照表──負債の部と純資産の部（貸方）	46
6	行政コスト計算書	48
7	純資産変動計算書	50
8	資金収支計算書	52
9	減価償却	54
10	引当金	56
11	固定資産	58
12	有形固定資産	60
13	建設仮勘定	62
コラム2	おすすめの参考図書	64

3章　通常業務に一工夫！　公会計のシステム設定

1	地方公会計システムの全体像	66
2	公会計ソフトウェアの導入ポイント	68
3	データ量を考慮したサーバーの設置	70
4	地方公会計標準ソフトウェアの導入方法	72
5	地方公会計標準ソフトウェアの仕訳方法	74
6	従来の仕訳の課題──仕訳判断が難しい	76
7	仕訳方法は3パターン	78
8	期末一括仕訳──一時期に大量の処理が必要	80
9	日々仕訳──毎回仕訳判断が必要になる	82
コラム3	韓国公会計改革の姿	84

4章　一歩先行く公会計システム──宇城市の例

1　自動仕訳変換の採用 ……………………………………… 86

2　細節、細々節の設定 ……………………………………… 88

3　仕訳ルールの設定 ………………………………………… 90

4　ポイントは予算体系の設定 ……………………………… 92

5　従来のどんぶり勘定予算管理の課題
　　──建物別予算が見えない ……………………………… 94

6　事業別・施設別予算管理で見える化を実現 ………… 96

7　従来の固定資産の扱い方 ……………………………… 98

8　固定資産台帳管理 ……………………………………… 100

9　複数台帳の一括管理──総資産台帳 ……………… 102

10　GIS を活用して現物を最終確認 ……………………… 104

11　財政課による仕訳フォローのしくみ・しかけ ………… 106

　コラム4　宇城市における固定資産台帳整備 ……………… 108

5章　できあがった会計情報をどう使うか

1　公会計情報の活用のしくみ …………………………… 110

2　バランスシートから自治体の姿を見よう …………… 112

3　バランスシートで他自治体と比較をしてみよう ……… 114

4　行政コスト計算書で他自治体と比較をしてみよう … 116

5　同規模の自治体と比べてみよう ……………………… 118

6　10年後の自治体の未来予想をつくろう …………… 120

7　なりたい未来を具体的に設定する …………………… 122

8　目標と実行計画を立てる …………………………… 124

9　市民へ目標を伝える ……………………………… 126

10　自治体のすべての施設を把握する ……………… 128

11　施設のセグメント分析をする …………………… 130

12　コストと使用状況から施設の管理方針を決める …… 132

13　分析したら実行する ……………………………… 134

14　かつての未来予想と実際の姿を比較・検証する …… 136

15　財政健全化指標につなげる ……………………… 138

コラム5　宇城市公会計改革の取組み ………………… 140

6章　公会計で自治体はどう変わるのか

1　行政経営のあるべき姿を実現する ……………… 142

2　なぜ宇城市が公会計改革をできたか …………… 144

3　財政の根本的な課題にメスを入れる …………… 146

4　みんなに見て知ってもらおう。開示をすすめる …… 148

おわりに ……………… 150

1章

会計の知識は
そんなにいらない

1　公会計は住民サービスへの第一歩

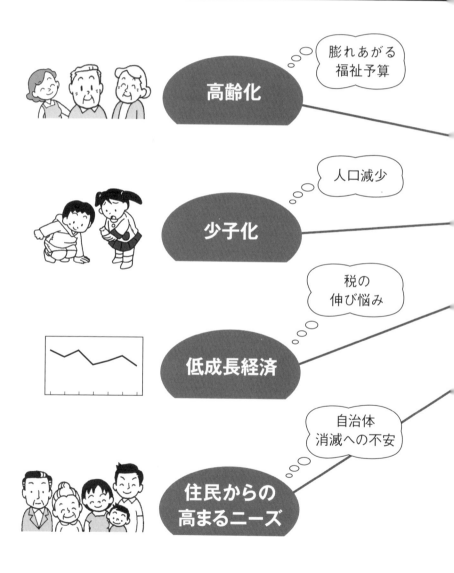

ポイント 少子高齢社会、低成長経済、そして税収が伸び悩む中、高まる住民ニーズに対して、自治体が住民サービスを持続して提供するには、しっかりとしたコスト感覚を持たなければなりません。1円でも安く、1円でも効果的によりよいサービスにつなげる意識が重要です。

●公会計とは

従来の官庁会計に企業会計の考え方を取り入れた会計制度です。

官庁会計は、国及び自治体、独立行政法人などの公共部門で行われている会計で、一般会計、特別会計及び公営企業会計から成り立っており、官庁会計を公会計という人もいますが、これは狭義の公会計といえます。

官庁会計は、単式簿記・現金主義会計ですが、企業会計は複式簿記・発生主義会計で、自動検証機能と発生時点で事象を認識するので、未収・未払、前払・前受の概念があるのが特徴です。

官庁会計を財務会計でサポートし、より完璧なものに導くのが公会計です。

1章 会計の知識はそんなにいらない　11

2　地方公会計で何をするのか

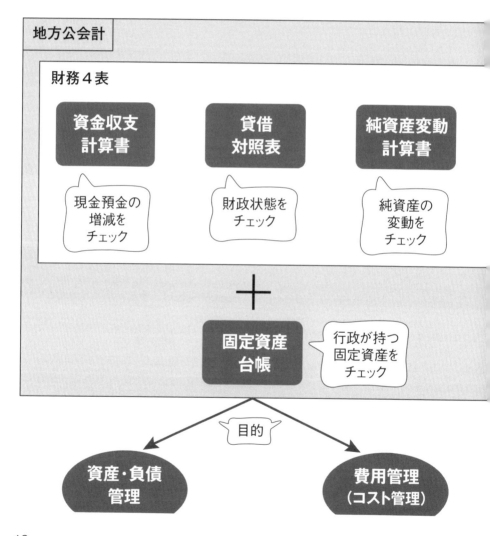

> **ポイント**
> 　地方公会計制度の主な目的は、資産・負債管理と費用管理です。貸借対照表（バランスシート）や固定資産台帳を取り入れることにより、自治体の道路、建物、港湾、橋りょうなどの固定資産や地方債等の負債が一覧で把握することができるようになります。
> 　また、現金の支出はなくても、行政サービスとして発生している財政負担（コスト）を把握することができます。

行政コスト計算書

行政コストの内訳をチェック

●地方公会計とは
　自治体が行う公会計で、通常の官庁会計に加え、『統一的な基準』（総務省『統一的な基準による地方公会計マニュアル』、以下、『統一的な基準』という）で財務書類4表（貸借対照表、行政コスト計算書、純資産変動計算書、資金収支計算書）と固定資産台帳を作成することを指します。

　総務大臣通知（平成26年5月23日付け）によりすべての自治体において、平成29年度までに、固定資産台帳と財務書類4表を作成することが決まっています。

●財務4表とは
　貸借対照表、行政コスト計算書、純資産変動計算書、資金収支計算書の4表を指します。

➡詳しくは2章2を参照してください。

1章　会計の知識はそんなにいらない　13

3　地方公会計情報は誰に必要？

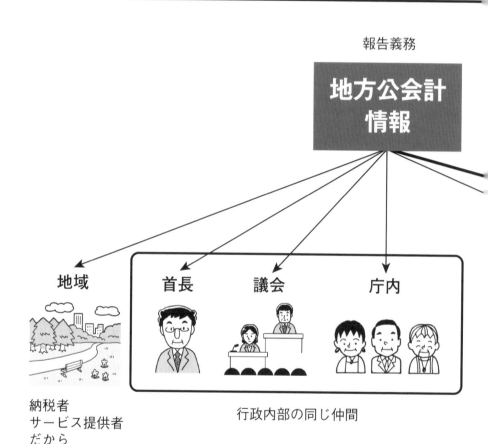

ポイント　自治体職員のみなさんのステークホルダー（利害関係者）は、①住民、②首長、③議会、④庁内の他の職員であり、地方交付税交付金や国の補助金などいろいろな原資を得ている自治体として考えると、⑤国民全体といえます。これらのステークホルダーに自治体会計の実態を知らせる必要があります。

●説明責任とは

説明責任とは、アカウンタビリティと呼ばれます。米国政府会計基準概念書によれば、政府の説明責任は、住民には「知る権利」（住民や選挙で選ばれた議員が議論の対象としうる事実を公的に知る権利）があるという考えに基づきます。

決算の目的は首長が住民の代表である議会の議決に基づいて、予算を執行したかどうかについて、説明責任を果たします。

●地方公会計に係る首長の担任事務（地方自治法149条より）

普通地方公共団体の長は、概ね以下に掲げる事務を担任します。
・予算を調製し、及びこれを執行すること。
・地方税を賦課徴収し、分担金、使用料、加入金又は手数料を徴収し、及び過料を科すること。
・決算を普通地方公共団体の議会の認定に付すること。
・会計を監督すること。
・財産を取得し、管理し、及び処分すること。

金融機関　実は**国民全員**

お金の借り先　地方交付税交付金国庫支出金、国のいろいろな補助金の出資者

4 地方公会計が仕事になる人

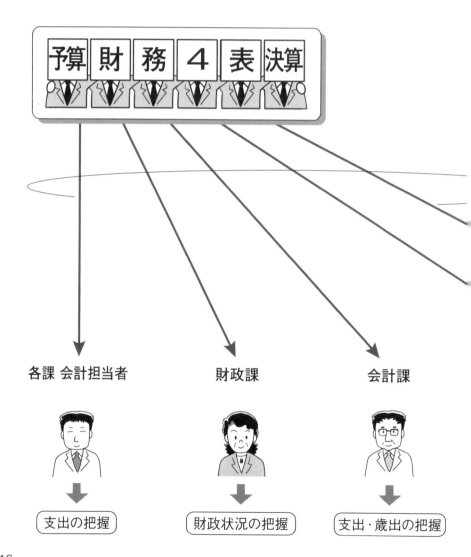

ポイント 地方公会計が仕事になる人は、直接的、間接的にかかわる人を含めるとたくさんいます。ここでは、例として自治体内部の「課」と公会計とのつながりを示します。

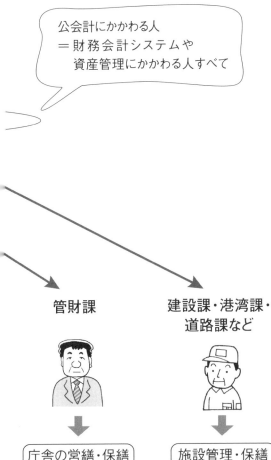

●**各課会計担当者と公会計**
　各課の会計担当者が財務会計システムに入力するデータが、地方公会計のデータになります。

●**財政課と公会計**
　財政課は自治体の予算を編成する部署であり、自治体の実態を一番知っておく必要があります。

●**会計課と公会計**
　会計課は決算を取りまとめる部署であり、まさに、地方公会計の部署といえます。

●**管財課と公会計**
　管財課は自治体の資産を扱う部署であり、機能的な資産管理を行う上で、固定資産台帳を使いこなす部署です。

●**建設課・港湾課・道路課と公会計**
　これらの部署は固定資産台帳に記載される財産をつくる部署であり、地方公会計の担い手です。

1章　会計の知識はそんなにいらない　17

5 官庁会計の中の地方公会計の位置づけ

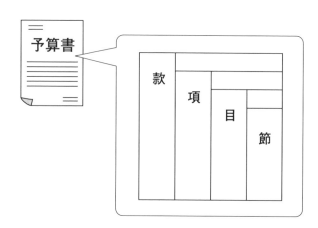

ポイント　官庁会計と複式簿記はまったくの別のものと思っている自治体職員も大勢いますが、この両者は別のものではなく、通常の財務会計に組み入れるものです。
　通常の官庁会計を複式簿記で仕訳するのが、地方公会計です。

会計報告

住民への決算要領の公表

●**官庁会計とは**

　現金収入である歳入を現金支出である歳出に割り当てていく会計制度のことです。税収とその使途という現金の流れに焦点をあてた制度といえます。

　官庁会計は、法令によって定められています。

　国の会計は、財政法を背景に会計法が制定され、詳細については予算決算及び会計令により実施されています。

　自治体の会計は、地方自治法、地方自治法施行令、地方自治法施行規則、地方財政法に基づいて会計実務が行われています。

1章　会計の知識はそんなにいらない　19

6　官庁会計と地方公会計の元データは一緒

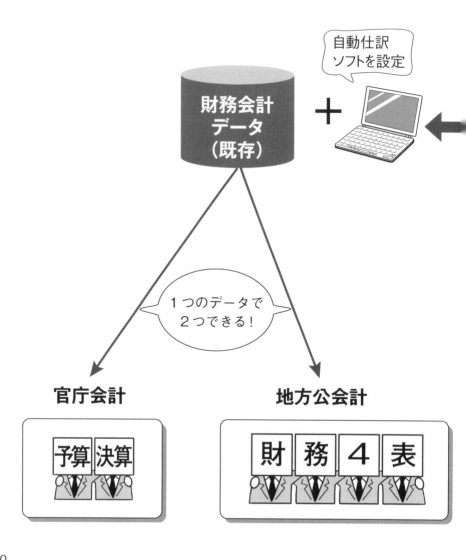

ポイント 総務省『統一的な基準』による一般会計・特別会計・公営企業会計の財務書類の公表が平成29年度より始まりました。固定資産価値や行政コストをより意識した取り組みや説明が、求められます。官庁会計と地方公会計は勘定科目の違いなどの見せ方が違うだけです。既存の会計データにひと手間加えれば、通常業務の流れの中に組み込めます。

財務会計システムのデータ入力にひと手間かければ同じデータでできる！

●官庁会計と地方公会計の見せ方の違い

官庁会計の決算資料は予算資料と同じなので、款項目節の目的別分類で作成されます。地方公会計は『統一的な基準』が設けられており、企業会計に近い勘定科目が設定されています。性質別分類に近い勘定科目といえます。

1章 会計の知識はそんなにいらない　21

7 公会計を自分たちのものにしよう

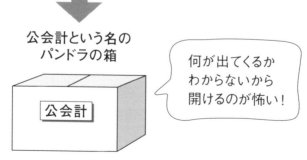

ポイント
　多くの自治体では、公会計を会計事務所やITベンダーに丸投げ状態で、これは危険です。なぜなら、財務状況がわからなくなるからです。
　公会計は難しくありません。みなさんなら確実に自分でできます。なぜなら、官庁会計は自分たちでできるからです。人に任せるのはやめにして、効率化できる仕組みを入れて、自分のこととして仕事しましょう。

● **人任せの恐ろしさ**

　公会計の実務を他人任せにしておくと肝心なことがわからなくなります。

　予算決算は自治体の重要な業務です。公会計の実務も自分たちのものとして自分たちでやらないと、公会計のみならず、自治体のことがわからなくなり、空洞化します。

8 地方公会計は こう考えれば簡単

自治体職員の認識

ポイント 現在の多くの自治体では、官庁会計と地方公会計は同じデータを使っているにもかかわらず、別作業だと受け止めれられています。

この両者を別作業にしないようにするには、細節の下に細々節（説明）を設けて、細分化し、自動仕訳機能をつければ簡単に作成できるようになります。細かく設定することで、公会計は効率化できるのです。

細分化することで効率化できる！

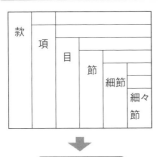

細節・細々節の設定

自動仕訳 → 財務会計データ → 支出命令・執行 → 決算

官庁会計／地方公会計

●細節・細々節を設けよう

地方公会計にするには、官庁会計を細分化する必要があります。

節レベルの下に、細節→細々節を設けて、自動で複式簿記で仕訳できるようにすればよいのです。

1章　会計の知識はそんなにいらない　25

9　今の業務に自動仕訳をプラス

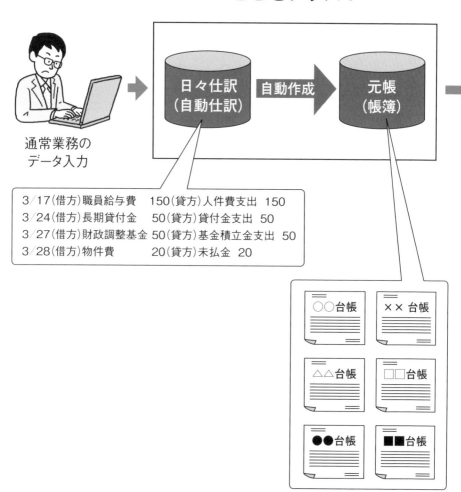

ポイント

公会計を通常業務から切り離して考えると、とたんに難しくなります。そうではなく、通常業務の流れの中に公会計を取り込んで、気づいたら公会計もできていた。そうなるのが理想です。

成功の秘訣は「自動仕訳（自動変換）」です。

自動仕訳を入れないと、その都度自分で判断しなければなりません。だからこそ、最初にしっかり変換テーブルを作成するのです。

●日々仕訳とは

日々仕訳とは、期末一括仕訳とは異なり、事象が発生するたびに複式簿記と発生主義の会計ルールに従い、仕訳することを指します。

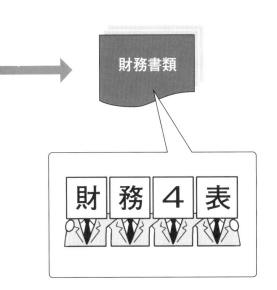

1章　会計の知識はそんなにいらない　27

10 複式簿記と発生主義は公営企業会計と一緒

貸借対照表

科　目	金額	科　目	金額
【資産の部】		【負債の部】	
固定資産		固定負債	
有形固定資産		地方債	
事業用資産		長期未払金	
土地		退職手当引当金	
建物		損失補償等引当金	
工作物		その他	
減価償却累計額		流動負債	
建設仮勘定		1年内償還予定地方債	
インフラ資産		未払金	
土地		未払費用	
建物		前受金	
工作物		前受収益	
減価償却累計額		賞与等引当金	
建設仮勘定		預り金	
無形固定資産		その他	
ソフトウェア		負債合計	
投資その他の資産		【純資産の部】	
投資及び出資金		固定資産等形成分	
有価証券		余剰分(不足分)	
出資金			
投資損失引当金			
長期延滞債権			
長期貸付金			
基金			
減債基金			
徴収不能引当金			
流動資産			
現金預金			
未収金			
短期貸付金			
基金			
財政調整基金			
減債基金			
棚卸資産			
徴収不能引当金		純資産合計	
資産合計		負債及び純資産合計	

損益計算書

科　目	
経常費用	
業務費用	
人件費	
職員給与費	
賞与等引当金繰入額	
退職手当引当金繰入額	
その他	
物件費等	
物件費	
維持補修費	
減価償却費	
その他	
その他の業務費用	
支払利息	
徴収不能引当金繰入額	
その他	
移転費用	
補助金等	
社会保障給付	
他会計への繰出金	
その他	
経常収益	
使用料及び手数料	
その他	
純経常行政コスト	
臨時損失	
災害復旧事業費	
資産除売却損	
投資損失引当金繰入額	
損失補償等引当金繰入額	
その他	
臨時利益	
資産売却益	
その他	
純行政コスト	

水道

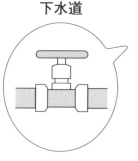

下水道

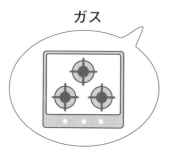

ガス

ポイント

複式簿記・発生主義と聞くと、とたんに難しく感じる人が増えますが、実は自治体になじみの深い公営企業会計ですでに使っているのです。

地方公営企業はサービス提供コスト（費用）を料金（収益）により回収することを原則としており、収益と費用を対応させることにより経営成績を明らかにします。その際に発生主義を用いて、複式簿記で記録します。

●発生主義（地方公営企業法第20条）

地方公営企業においては、その経営成績を明らかにするため、すべての費用及び収益を、その発生の事実に基いて計上し、かつ、その発生した年度に正しく割り当てなければなりません。

●正規の簿記（複式簿記）（地方公営企業法施行令9条2項）

地方公営企業は、その事業に関する取引について正規の簿記の原則に従って正確な会計帳簿を作成しなければなりません。

交通

観光施設

電気

1章　会計の知識はそんなにいらない　29

11 官庁会計と企業会計

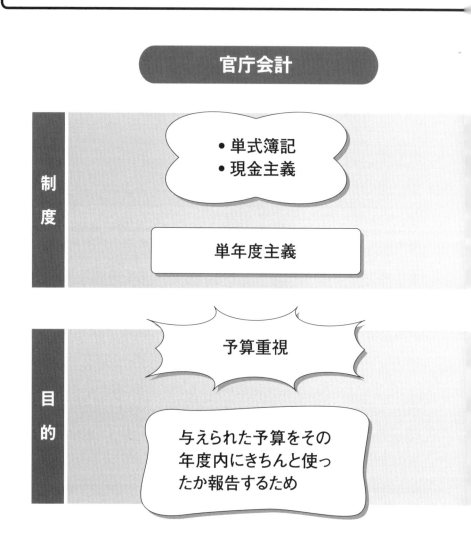

ポイント 官庁会計は現金収入である歳入を現金支出である歳出に割り当てていきます。歳入は歳出として使い切ることが重視され、予算をその年度内にきちんと使ったか報告するのが目的なので、単式簿記・現金主義・単年度主義なのです。一方、企業会計は利益を上げ、その利益を株主に配分するため、事業期間における企業の損益状況と財産状態を把握し、株主や債権者に報告するため、発生主義、複式簿記になっています。

企業会計

- 複式簿記
- 発生主義

継続企業の原則

利益・株主重視

企業の損益状況と財産状態を掌握し、株主や債権者に報告するため

●現金主義とは

収益と費用を現金の受け渡しの時点で認識する会計原則を指します。現金主義では現金の増減しか記録しないため、お小遣帳に例えられます。

●発生主義とは

現金の受け渡し時期に関わらず、取引の確定時点で収益と費用を認識する会計原則を指します。すべての経済資源の動きを把握する必要がある株式会社は、発生主義が採用されます。

1章 会計の知識はそんなにいらない 31

12　複式簿記

複式簿記とは

貸借複式記入にしたがい、すべての取引を二面的に記帳するため、自動検証機能がある。

消耗品を買ったとすると

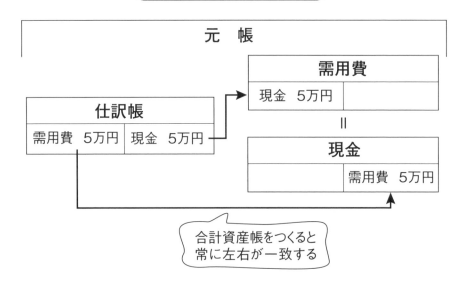

ポイント

官庁会計は現金主義会計なので、現金の増減のみを記録する単式簿記で十分ですが、独立的に記帳するため、間違いがあった場合に見つかりにくい欠点があります。

一方、企業会計では、複式簿記を採用しています。貸借複式記入にしたがって、すべての取引を二面的に記帳するため、自動検証機能があり、間違いにすぐ気づくことができます。それが複式簿記の最大メリットです。

単式簿記とは

独立的に記帳するため、
各勘定科目の合計は
すぐにはわからない。

消耗品を買ったとすると

この記帳でしか
確認のしようがない

需用費　5万円
⋮

● **仕訳とは**

仕訳とは、簿記上の取引が生じるたびに、その内容に応じた仕訳帳の借方（左側）と貸方（右側）に勘定科目と金額を記入することをいいます。

「簿記上の取引」とは資産、負債、純資産、収益、費用という「簿記の5要素」の増減を指します。

資産が増えたら「借方」に記入し、減ったら「貸方」に記入します。

負債が増えたら「貸方」に記入し、減ったら「借方」に記入します。

純資産が増えたら「貸方」に記入し、減ったら「借方」に記入します。

収益が増えたら「貸方」に記入し、減ったら「借方」に記入します。

費用が増えたら「借方」に記入し、減ったら「貸方」に記入します。

● **元帳とは**

勘定科目ごとに、仕訳を整理した帳簿のことで、総勘定元帳とも呼びます。総勘定元帳には、現金預金元帳、未収金元帳、地方債元帳などがあります。

1章　会計の知識はそんなにいらない　33

13　発生主義

発生主義と現金主義の違い

	どの時点で記録するか
発生主義	事像の発生時点
現金主義	現金の増減時点

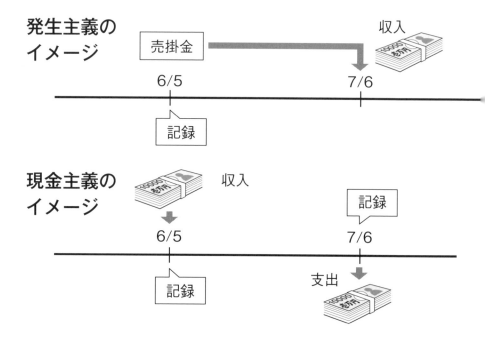

ポイント

発生主義とは、事業が発生したときに測定し、記録することです。

会計の基準は、どの時点で記録するかがとても重要で、官庁会計は現金主義なので、現金の出し入れがあった際に記録します。

企業会計は、発生主義なので売掛金や買掛金、未収金、未払金、前受金、前払金のように、未来に入金がある、もしくは支払うという約束をして商売している場合には、その商売が発生したときに記録します。

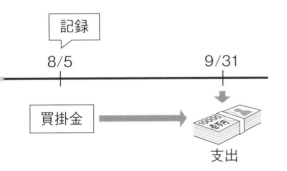

●売掛金と買掛金

売掛金とは商品を先に販売して、代金を後日受け取ることです。買掛金は、商品を先に仕入れて、代金は後日支払うことです。飲み屋さんのツケは、飲み屋にとっては売掛金で、お客にとっては買掛金になります。

●未収金と未払金

未収金とは、売掛金以外の後々もらえるお金を指します。未払金とは、買掛金以外の後々払わなければならない借金を指します。

●前受金と前払金

売上を計上するためには、①商品の引渡し又はサービスの提供）と②代金の授受という2つの条件を満たさなければならないため、予約金や手付金、内金などの名目で現金などの受渡しがあった場合は、売り手にとっては前受金で、買い手にとっては、前払金になります。Suicaなどのプリペイドカードは、まさにプリペイド（前払い）して、電車に乗ったときにサービスの提供を受けることになり、そのときにJRの売上になります。

1章　会計の知識はそんなにいらない　35

コラム 1　簿記を身に付けるにはどうしたらよいか

　複式簿記・発生主義といわれるとなんだか急にハードルが上がって、勉強する意欲がなくなりそうですが、世の中の民間企業は複式簿記・発生主義の企業会計ルールのもと、会社が営まれているのですから、多くの企業が毎日経営できているということは、それほど難しくはないのです。

　ただ、馴染みがないから取っ付きにくいというだけで、公務員試験に受かったみなさんなら、実はそれほど難しくはありません。

　どのように勉強したらよいかですが、まずは日商簿記の4級から始めて、2級まで取得できれば十分だと思います。みなさんならば独学でできます。勘定科目は自治体の勘定科目とは違いますが、やり方や考え方を学べば応用が利くので、まずはオーソドックスなものから挑戦するのがよいと思います。そして、資格試験に合格すれば自信も付くし、モチベーションも上がるので、おすすめです。

　そして、基本的な会計処理は日商簿記で学べますが、勘定科目が違うので、官庁会計上の仕訳をマスターし、4表を作れるようになる必要があります。その際のテキストですが、『図解 地方公会計対応 自治体職員のための複式簿記入門』（菅原正明公認会計士税理士事務所、ぎょうせい）が最もおすすめです。体系的に書かれているのでわかりやすいと思います。ただ問題数が少ないので、もっと問題を解きたいと思う方は、地方公会計検定の参考書や問題集を解くとよいでしょう。興味のある方は試験にトライしてもいいでしょう。

　ほとんどの自治体では、公会計用のITシステムを導入したり、会計事務所やITベンダーに作業を委託したりしていると思いますので、通常、自分の手で「仕訳をきる」ことはあまりないとは思いますが、仕訳をきれるようになっておくことや4表をきちんと理解しておくことは、とても重要です。

　公認会計士や税理士は、何かあった際には、すぐに仕訳をきって、自分で確かめる癖が身に付いています。仕訳をきることは基本であり、自分や自治体を守ることになりますから、ぜひ挑戦してみてください。

これだけは知っておきたい!
公会計の様式と用語

1 『統一的な基準』に対して自治体がやること

① 地方公会計システム対応

〈従来〉決算統計データを活用して財務書類を作成

〈今後〉システム対応によって発生の都度又は期末一括処理で複式仕訳

【目的】従来の公会計で採用してきた現金主義・単式簿記の方式をあらため、発生主義・複式簿記化する。システム整備によって、複式仕訳の相当部分の自動処理化が可能となる。

② 固定資産台帳の整備

〈従来〉固定資産台帳の整備が前提とされていない

〈今後〉固定資産台帳の整備を前提として公共施設等のマネジメントに活用

【目的】固定資産台帳は、財務書類作成のための基礎資料であるが、将来の施設更新必要額の推計や施設別のコスト分析といった公共施設等のマネジメントに活用可能となる。

ポイント

『統一的な基準』による一般会計・特別会計・公営企業会計の財務書類の公表が平成29年度より始まります。固定資産価値や行政コストをより意識した取組みや説明が求められるようになります。自治体は地方公会計に対応するようにシステムを導入又は改修し、もしくは期末一括仕訳で対応しなければなりません。
また固定資産台帳も整備しなければなりません。

③ 財務書類等の活用

〈従来〉 3つの財務書類モデルが混在

〈今後〉『統一的な基準』による財務書類等によって団体間での比較可能性を確保

【目的】連結財務書類の作成により、単なる情報開示だけでなく、連結ベースでの資産老朽化比率等の把握といった公共施設等のマネジメントにも活用可能となる。

財務書類等のわかりやすい情報開示だけでなく、財務書類等の積極的な活用により、地方公共団体の限られた財源を「賢く使うこと」につながる。

● 『統一的な基準』による財務書類の概要

『統一的な基準』による財務書類は、「今後の新地方公会計の推進に関する研究会報告書」（平成26年4月30日公表）等のとおり「貸借対照表」、「行政コスト計算書」、「純資産変動計算書」及び「資金収支計算書」の4表又は3表（上記の4表のうち「行政コスト計算書」と「純資産変動計算書」を結合）としています。

2　4表の体系

純資産の変動要因の大きな要素で
ある行政コストの内訳を示す

【貸借対照表】

借方	貸方
資産 （うち資金）	負債
	純資産

【行政コスト計算書】

借方	貸方
経常費用	経常収益
	純行政 コスト

【純資産変動計算書】

借方	貸方
財源の使途	（期首残高） 財源の調達
（うち純行政 コスト）	
資産形成 充当財源 の減少	資産形成 充当財源 の増加
期末残高	

純資産の増減理由を
明らかにする

現金預金の増減を性質別に分解

ポイント 地方公会計では、財務4表が作成されます。貸借対照表、行政コスト計算書、純資産変動計算書、資金収支計算書の4表です。
財務4表は相互に関連しながら資産・債務の状況や行政コストに関する情報を提供します。

【資金収支計算書】

借方	貸方
（期首残高）	
経常的収入	経常的支出
資本的収入	資本的支出
財務的収入	財務的支出
	期末残高

●4表の名称と定義

【貸借対照表】→略称：BS（Balance Sheet）
・基準日時点における財政状態（資産・負債・純資産の残高及び内訳）を表示したもの

【行政コスト計算書（民間では損益計算書に該当）】→略称：PL（Profit and Loss statement）
・一会計期間中の費用・収益の取引高を表示したもの
→現金収支を伴わない減価償却費等も費用として計上

【純資産変動計算書（民間では株主資本等変動計算書に該当）】→略称：NW（Net Worth statement）
・一会計期間中の純資産（及びその内部構成）の変動を表示したもの

【資金収支計算書（民間ではキャッシュ・フロー計算書に該当）】→略称：CF（Cash Flow statement）
・一会計期間中の現金の受払いを3つの区分で表示したもの

2章　これだけは知っておきたい！　公会計の様式と用語　41

3 貸借対照表

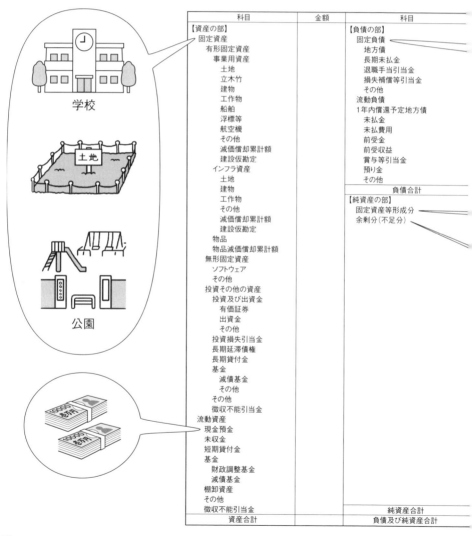

ポイント 自治体の貸借対照表は年度末である3月31日時点の自治体の財政状況を表しています。ただし、自治体には出納整理期間があるので、その調整は加味されます。貸借対照表は借方（左側）に資産の部、貸方（右側）に負債の部と純資産の部で構成されます。

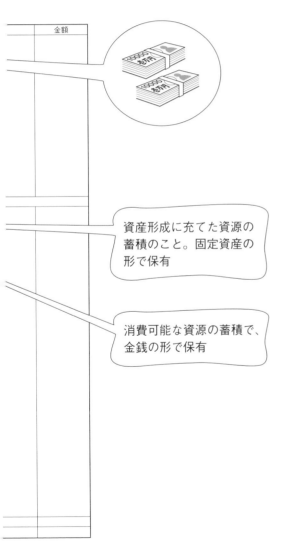

● 資産の定義

過去の事象の結果として、特定の会計主体が支配するものであって、①将来の経済的便益が当該会計主体に歳入すると期待される資源、又は②当該会計主体の目的に直接もしくは間接的に資する潜在的なサービス提供能力を伴うもの。

● 負債の定義

過去の事業から発生した、特定の会計主体の現在の義務であって、①これを履行するためには経済的便益を伴う資源が当該会計主体から流出し、又は②当該会計主体の目的に直接もしくは間接的に資する潜在的なサービス提供能力の低下が予想されるもの。

4　貸借対照表
──資産の部（借方）

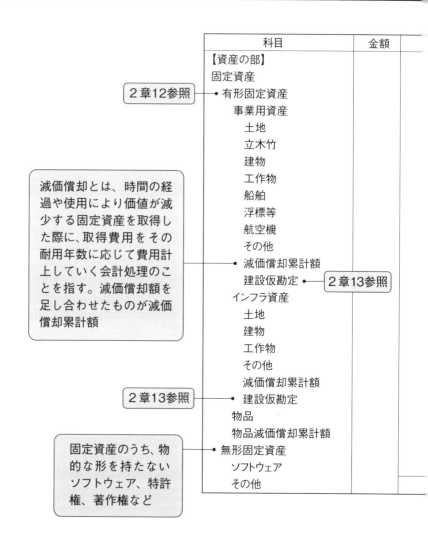

貸借対照表の左側を「借方」といい、資産項目が掲載されます。資産は住民の財産で、将来世代に引き継ぐ社会資本や債務返済財源等です。行政サービスを提供するために使用する公共資産や今後の収入をもたらす貸付金が掲載されています。

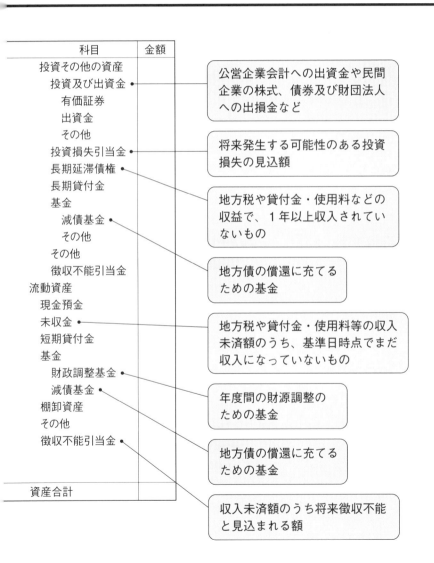

2章 これだけは知っておきたい！ 公会計の様式と用語 45

5 貸借対照表
——負債の部と 純資産の部（貸方）

科目
【負債の部】
固定負債
地方債
長期未払金
退職手当引当金
損失補償等引当金
その他
流動負債
1年内償還予定地方債
未払金
未払費用
前受金
前受収益
賞与等引当金
預り金
その他
負債合計
【純資産の部】
固定資産等形成分
余剰分（不足分）
純資産合計
負債及び純資産合計

返済期日が1年を超える債務

2章10参照。将来発生すると思われる退職手当見込額を負債計上したもの

返済期日が1年以内の債務

基準日時点に、代金の納入は受けたが、義務の履行は行っていないもの

基準日時点に、未だ提供していない役務に対し、支払いを受けたもの

資産形成に充てられた返済の必要のない財源

46

ポイント　貸借対照表の右側を「貸方」といい、負債と純資産が掲載されます。資産は住民の財産で、将来世代に引き継ぐ社会資本や債務返済財源等です。行政サービスを提供するために使用する公共資産や今後の収入をもたらす貸付金が掲載されています。地方債の発行に当たるものであれば負債（ストック。翌年度以降の返済義務）として整理されることになります。

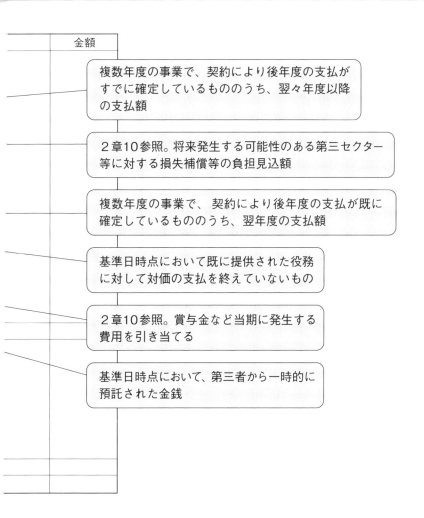

2章　これだけは知っておきたい！　公会計の様式と用語　47

6 行政コスト計算書

科目
経常費用
業務費用
人件費
職員給与費
賞与等引当金繰入額
退職手当引当金繰入額
その他
物件費等
物件費
維持補修費
減価償却費
その他
その他の業務費用
支払利息
徴収不能引当金繰入額
その他
移転費用
補助金等
社会保障給付
他会計への繰出金
その他
経常収益
使用料及び手数料
その他
純経常行政コスト
臨時損失
災害復旧事業費
資産除売却損
投資損失引当金繰入額
損失補償等引当金繰入額
その他
臨時利益
資産売却益
その他
純行政コスト

消耗品費、光熱水費、印刷製本費、業務委託費、使用料及び賃借料、備品購入費などの経費

2章9参照

補助金や負担金など

生活保護や医療費助成などの扶助費

2章10参照。投資損失引当金の当年度発生額

2章10参照。損失補償等引当金の当年度発生額

ポイント

行政コスト計算書では、行政サービス提供のためにかかった費用を示します。建物等の資産は建設時に支払った額ではなく、減価償却費の形で費用として認識します。

行政コスト計算書は当年度の受益と負担の関係を示しています。

金額

- 2章10参照。賞与金など当期に発生する費用を引き当てる

- 2章10参照。将来の退職金支給に備えて当期に負担すべき金額を見積り、当期の費用として引当金を計上する

- 公共用施設等の維持修繕に要する経費

- 地方債や一時借入金の利子

- 災害復旧に関する費用

- 資産の売却による収入が帳簿価額を下回る場合の差額及び除却資産の除却時の帳簿価額

- 資産の売却による収入が帳簿価額を上回る場合の差額

●**収入（収益）の定義**

①一会計期間中における活動の成果として、②資産の流入もしくは増加又は負債の減少の形による経済的便益又はサービス提供能力の増加であって、③会計主体の所有者以外との取引その他の事象から生ずる純資産の増加原因。

●**費用の定義**

①一会計期間中における活動の成果を生み出すための努力として、②資産の流出もしくは減損又は負債の発生の形による経済的便益又はサービス提供能力の減少であって、③会計主体の所有者以外との取引その他の事象から生ずる純資産の減少原因。

7 純資産変動計算書

	科目
	前年度末純資産残高
行政コスト計算書の収支尻	純行政コスト
税収等及び国県等補助金	財源
	税収等
	国県等補助金
	本年度差額
	固定資産等の変動（内部変動）
	有形固定資産等の増加
	有形固定資産等の減少
	貸付金・基金等の増加
有価証券等の評価差額	貸付金・基金等の減少
	資産評価差額
無償で譲渡又は取得した固定資産の評価額等	無償所管換等
	その他
上記以外	本年度純資産変動額
	本年度末純資産残高

ポイント 純資産変動計算書では、行政コスト計算書に現れない、純資産の増減した要因を示します。純資産固定資産等の再評価差額等はここに計上します。

合計	固定資産等形成分	余剰分（不足分）

●**純資産変動計算書**

貸借対照表上の「純資産＝資産から負債を差し引いたもの」が、1年間でどのように変動したのかを示すものです。

純資産がどのような要因で増減しているのかを明らかにすることにより、地方自治体の政策形成上の意思決定、又はその他の行政行為による純資産及びその内部構成の変化（その他の純資産減少原因・財源及びその他の純資産増加原因の取引高）を明らかにすることを目的として作成します。

純資産変動計算書は、「純行政コスト」「財源」「固定資産等の変動（内部変動）」「資産評価差額」「無償所管換等」及び「その他」に区分して表示します。

8 資金収支計算書

人件費に係る支出、物件費等に係る支出、地方債等に係る支払利息、上記以外の業務費用支出

補助金等に係る支出、社会保障給付に係る支出、他会計への繰出に係る支出、上記以外の移転費用

基金取崩による収入

貸付金に係る元金回収収入

地方債の元本償還に係る支出

地方債発行による収入

【業務活動収支】
　業務支出
　● 業務費用支出
　　人件費支出
　　物件費等支出
　　支払利息支出
　　その他の支出
　● 移転費用支出
　　補助金等支出
　　社会保障給付支出
　　他会計への繰出支出
　　その他の支出
　業務収入
　　税収等収入
　　国県等補助金収入
　　使用料及び手数料収入
　　その他の収入
　臨時支出
　　災害復旧事業費支出
　　その他の支出
　臨時収入
業務活動収支
【投資活動収支】
　投資活動支出
　　公共施設等整備費支出 ●
　　基金積立金支出 ●
　　投資及び出資金支出
　　貸付金支出
　　その他の支出
　投資活動収入
　　国県等補助金収入
　● 基金取崩収入
　● 貸付金元金回収収入
　　資産売却収入
　　その他の収入
投資活動収支
【財務活動収支】
　財務活動支出
　● 地方債償還支出
　　その他の支出
　財務活動収入
　● 地方債発行収入
　　その他の収入
財務活動収支
本年度資金収支額
前年度末資金残高
本年度末資金残高

前年度末歳計外現金残高
本年度歳計外現金増減額
本年度末歳計外現金残高
本年度末現金預金残高

資金収支決算書とは、実際の現金の流れを見る財務書類のことです。企業会計ではキャッシュフロー計算書と呼ばれています。
　発生主義においては、現金の動きと切り離されて利益が計算されるため、実際の現金の流れと財務書類上の業績が乖離することがあります。しかし、現金の流れを把握しておくことは、資金繰りにおいて重要であるため、キャッシュフローを見る必要があります

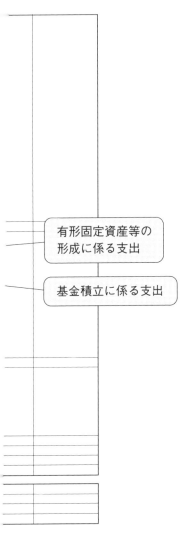

●業務活動収支
　投資的活動又は財務的活動以外のキャッシュフローのこと。
　企業会計では営業活動によるキャッシュフローに該当します。

●投資活動収支
　固定資産の取得・処分等に係るキャッシュフローのこと。

●財務活動収支
　当該主体への拠出資本や借入の規模と構成に変動をもたらすキャッシュフローのこと。

9 減価償却

車両の減価償却のイメージ

車両の購入費を使用期間（耐用年数5年）にわたってコストに算入し、財政に反映させる

企業会計の考え方

N年度	N+1年度	N+2年度	N+3年度	N+4年度	N+5年度
0万円	20万円	20万円	20万円	20万円	20万円

耐用年数（5年）にわたってコスト配分

減価償却をブロックに例えるとこうなる

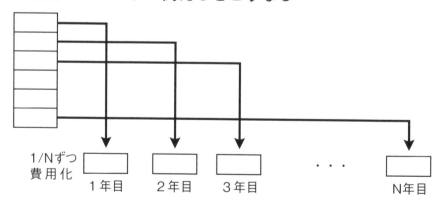

ポイント　減価償却とは、長期間にわたって使用できる資産の取得原価を取得時や除却時に一括して費用（損失）として認識しないで、使用期間に費用として配分する会計処理のことです。
　これにより、施設使用期間中、合理的に施設の建設費用を収支に反映させることができます。

●減価償却累計額とは

　減価償却費の処理方法には間接法と直接法があります。間接法は固定資産の取得原価から直接現象させずに、減価償却累計額勘定を使います。

借方	貸方
減価償却費 （車両） 20万円	減価償却 累計額 20万円

官庁会計の考え方

当該年度で支出

企業会計のほうが最初の支払い負担が軽いのか！

10 引当金

退職給与引当金のイメージ

ある職員が4年度から24年度まで勤務し、24年度末に退職金2,000万円を支給したとする

企業会計の考え方

4年度	5年度	…	23年度	24年度	合計
100万円	100万円	100万円	100万円	100万円	2,000万円

→ 勤務時間(20年)にわたってコスト配分

賞与引当金のイメージ

ある職員にN年度6月期にボーナスを60万円を支給した
（年2回支給、6月1日・12月1日基準日）とする

企業会計の考え方

12月	1月	2月	3月	4月	5月	6月支払
10万円	10万円	10万円	10万円	10万円	10万円	60万円
N-1年度分				N年度		

→ 勤務時間にわたってコスト配分

引当金の種類には、これらの他に徴収不能引当金、投資損失引当金、損失補償引当金などがある

引当金には、評価性引当金と負債性引当金があり、評価性引当金とは、資産の控除の性格を持つもので、資産に計上します。投資損失引当金、徴収不能引当金が該当します。負債性引当金は、将来の支出を伴うもので、負債に計上します。退職給与引当金、賞与等引当金、損失補償等引当金が該当します。

官庁会計の考え方

官庁会計の考え方

●退職給与引当金

原則として期末自己都合要支給額により算定されます。退職金は、「将来の特定の費用」であり、これまでの労働によって生じることから「その発生が当期以前の事象に起因」し、退職金の制度を整えている会社は「発生の可能性が高い」ことに加えて、退職金の計算方法も規定で定めているため「金額を合理的に見積もることができ」、この4つの要件に当てはまるため、引当金として計上されます。

●賞与等引当金

基準日時点までの期間に対応する期末手当・勤勉手当及び法定福利費を計上します。

●損失補償等引当金

将来発生する可能性のある第三セクター等に対する損失補償等の負担見込額です。履行すべき額が確定していない損失補償債務等のうち、地方公共団体の財政の健全化に関する法律上、将来負担比率の算定に含めた将来負担額を計上するとともに同額を臨時損失(損失補償等引当金繰入額)に計上します。

●投資損失引当金

将来発生する可能性のある投資損失の見込額です。

●徴収不能引当金

収入未済額のうち将来徴収不能と見込まれる額で、貸付金や未収金等の債権は回収可能性に基づいて徴収不能引当金を計上することができます。

11 固定資産

固定資産	有形固定資産	事業用資産
		インフラ資産
		物　品
	無形固定資産	
	投資その他の資産	

固定資産は、「有形固定資産」「無形固定資産」及び「投資その他の資産」に分類して表示します。有形固定資産は、物的な実体を持つ資産で、長期にわたって使用するために所有している土地・建物・構築物・機械装置・車両などです。無形固定資産は、物的な形を持たないもので、ソフトウェア、特許権、著作権などです。投資その他資産は、預金や有価証券及び貸付金などのうち長期に保有するものです。

土地・立木竹・建物・工作物・船舶・浮標等・航空機・その他・建設仮勘定
土地・建物・工作物・その他・建設仮勘定
物品
ソフトウェア・その他
投資及び出資金・投資損失引当金・長期延滞債権・長期貸付金・基金・その他・徴収不能引当金

● 投資その他の資産の内容

有価証券
　有価証券は、自治体が保有している債券等をいいます。満期保有目的有価証券及び満期保有目的以外の有価証券に区分します。

出資金
　出資金は、公有財産として管理されている出資等をいいます。なお、出捐金は、地方自治法第238条第1項第7号の「出資による権利」に該当するため、出資金に含めて計上します。

長期延滞債権
　長期延滞債権は、滞納繰越調定収入未済の収益及び財源をいいます。

長期貸付金
　長期貸付金は、地方自治法第240条第1項に規定する債権である貸付金のうち、流動資産に区分される以外のものをいいます。

基金
　基金は、基金のうち現金などの流動資産に区分されるもの以外のものをいいます。なお、繰替運用を行った場合、基金残高と借入金残高を相殺して表示します。

2章　これだけは知っておきたい！　公会計の様式と用語　59

12　有形固定資産

有形固定資産

→ 事業用資産

→ インフラ資産

→ 物　品

ポイント

有形固定資産は、「事業用資産」「インフラ資産」及び「物品」に分類して表示します。

事業用資産は、インフラ資産及び物品以外の有形固定資産をいいます。物品は50万円（美術品は300万円）以上を資産として計上します。

例　学校

例　道路

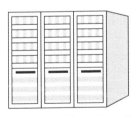

例　50万円以上のサーバー

●**事業用資産**

事業用資産としての有形固定資産は、その種類ごとに表示科目を設けて計上します。また、減価償却の方法について注記します。ただし、売却を目的として保有している資産については、有形固定資産ではなく、棚卸資産として計上します。

●**インフラ資産**

インフラ資産は、システム又はネットワークの一部であること、性質が特殊なものであり代替的利用ができないこと、移動させることができないこと、処分に関し制約を受けることといった特徴の一部又はすべてを有するものです。例えば道路ネットワーク、下水処理システム、水道等が該当します。

●**物品**

物品は、原則として取得価額又は見積価格が50万円（美術品は300万円）以上の場合に資産として計上します。

13 建設仮勘定

建設中は「建設仮勘定」

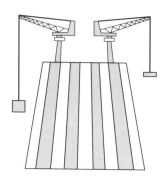

- 各年度の支出を記録
- 減価償却しない

建設仮
勘定台帳

ポイント
建物の建設中は「建設仮勘定」で計上します。
建物が完成し、竣工又は一部供用開始の時点で、「建物」勘定へ振り替えられます。
「建設仮勘定」は、あくまで仮勘定なので減価償却はしません。

建物が完成したら「建物」勘定へ

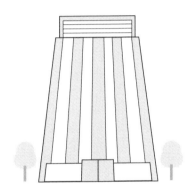

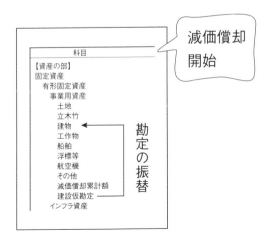

●**建設仮勘定**

　年度をまたがって行われる建設工事等にかかる支出については、固定資産台帳の一環として、建設仮勘定台帳によって記録整理します。建設仮勘定台帳は、工事等の単位ごとに、各年度の支出額を記録整理するとともに、一部供用開始又は全部完成の時点で、本勘定への振替を記帳整理します。なお、建設仮勘定について、減価償却は行いません。

　原則として完成部分を本勘定へ振り替えることとなりますが、振替部分の金額を独立して算定することが困難な場合には、その振替額を次の計算式

本勘定への振替額
＝計画総事業費×完成分事業量÷総事業量

によって算定することができます。この場合、必要に応じて全事業完了後に精算を行うことができます。

2章　これだけは知っておきたい！　公会計の様式と用語　63

コラム
2 おすすめの参考図書

　公会計に関する本はたくさんありますが、目的・用途に合わせて選択してください。自治体職員のみなさんに最も望むことは、公会計を自分のものにすることです。そのためには、会計事務所や IT ベンダーに丸投げするのではなく、自分でできるようになることです。

『図解 地方公会計対応 自治体職員のための複式簿記入門』（菅原正明公認会計士税理士事務所、ぎょうせい）

　この本は、簿記初心者でも仕訳ができるように誘導してくれる本ですので、手に取って、仕訳にトライしてください。

『図解 よくわかる自治体決算のしくみ』（磯野隆一、学陽書房）

　もおすすめです。公会計はその部分だけでとらえると面倒くさいものになってしまいますが、自治体運営の中でどのような位置づけかを知れば、重要性がわかります。この本は、自治体のあらゆる決算をまとめた本で、包括的にとらえるのに役立ちます。それから、

『新地方公会計の実務―東京都における財務諸表の作成と活用』（東京都新公会計制度研究会著、東京都会計管理局長・三枝修一監修、都政新報社）

　もおすすめです。東京都方式は民間企業の財務会計に最も近い方法です。東京都がどのような問題に直面し、悩み、解決したかがわかる本で、自治体職員のみなさんが抱えている疑問・悩みを共有できる本です。

　その他には、概要版として、

『一番やさしい公会計の本』（有限責任監査法人トーマツ パブリックセンターインダストリーグループ、学陽書房）

『入門公会計のしくみ』（馬場英朗・大川裕介・林 伸一編、中央経済社）

　などがあります。

　最も詳しく書かれているのは、加除式ですが、

『早わかり 公会計の手引き』（地方公会計研究会編、第一法規）

　です。

『自治体議員が知っておくべき新地方公会計の基礎知識～財政マネジメントで人口減少時代を生き抜くために～』（宮澤正泰、第一法規）

　もおすすめです。

通常業務に一工夫!
公会計のシステム設定

1　地方公会計システムの全体像

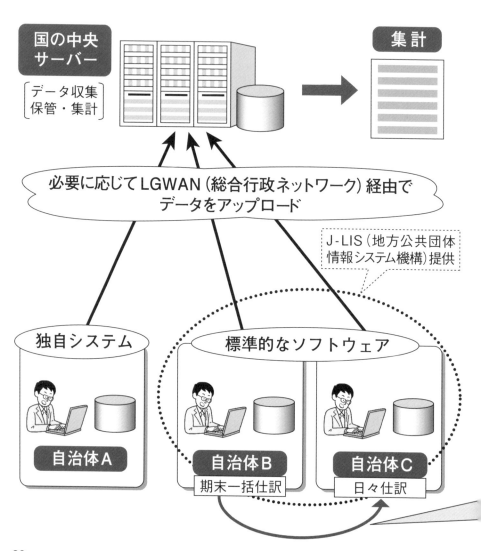

ポイント
　当面の取組みとして、「地方公会計標準ソフトウェア」利用か「独自システム」利用かを判断する必要があります。どちらも「日々仕訳」か「期末一括仕訳」の仕訳方法があり、地方公会計システムと既存の財務会計システムの連携がカギとなります。3章では、「日々仕訳」と「期末一括仕訳」に着目し、熊本県宇城市の例から、簡素で効率的な公会計システムのつくり方を示します。

●システムを考えるポイント

　現在は、「地方公会計標準ソフトウェア」利用と「独自システム」があります。

　それぞれのシステムも「期末一括仕訳」と「日々仕訳」の2方式があります。

　宇城市の場合は「独自システム」で「日々仕訳」を導入し、既存財務会計システムと地方公会計システムはリアルタイムに連動しています。

　なお、「地方公会計標準ソフトウェア」はJ-LIS（地方公共団体情報システム機構）より無償配布されます。（ハードウェア等の費用は各自治体負担）

実証モデル事業

　新たに日々仕訳を導入する自治体において実証モデル事業を実施
→（リアルタイムな情報把握や職員の経営感覚の向上といった）メリットをより詳細に検証することで、日々仕訳の導入を促進

3章　通常業務に一工夫！　公会計のシステム設定

2　公会計ソフトウェアの導入ポイント

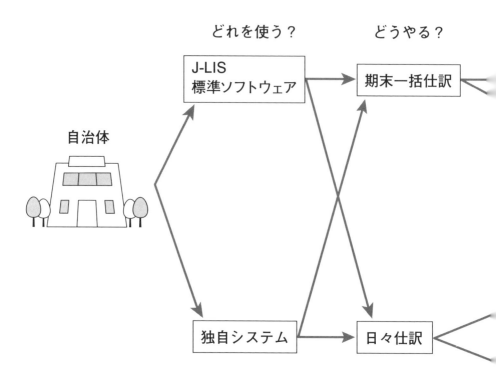

ポイント 各自治体でJ-LISから無償配布される「地方公会計標準ソフトウェア」を使用するのか、ベンダー等が提供する「独自ソフトウェア」を採用するのか選択する必要があります。いずれのソフトにしても、地方公会計に対応した予算編成の仕組みが必要です。また、決算統計を利用した従来の「総務省モデル」では財政課が主導した団体が多いなか、今後はどこの部署が地方公会計を主導するのか調整が必要です。

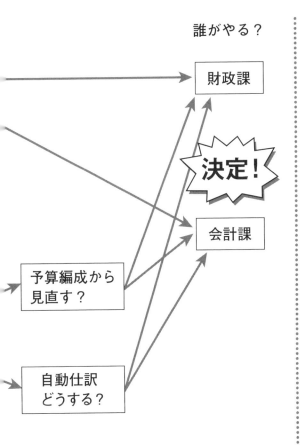

● 導入に至るポイント

① J-LISから無償配布される「地方公会計標準ソフトウェア」を使用するのか、ベンダー等が提供する「独自ソフトウェア」を採用するのか選択。宇城市では財務会計と連動した独自システムを導入しています。

② 仕訳時期を年度末一括仕訳する「期末一括仕訳」か伝票単位で仕訳をする「日々仕訳」を選択します。宇城市では「日々仕訳」を選択しています。

③ 予算体系の再編は事業別・施設別の財務諸表を作成するため予算事業を再編する必要があります。

④ 仕訳ルールの設定は仕訳作業の自動化を進めるために予算の細節・細々節・説明を細かく設定することにより、仕訳の自動変換が可能になります。

⑤ 運用体制を「財政課」主導か「会計課」主導かを選択。宇城市では「総務省改訂モデル」を財政課主導で作成していたため「財政課」が主導しています。また、固定資産台帳については「公共施設マネジメント課」が主導しています。

3章 通常業務に一工夫！ 公会計のシステム設定 69

3 データ量を考慮したサーバーの設置

期末一括仕訳の場合

PC単独 / サーバー1台 / サーバー2台

小規模団体 / 小/中規模団体 / 大規模団体

日々仕訳・複数人でソフトウェアを利用する場合

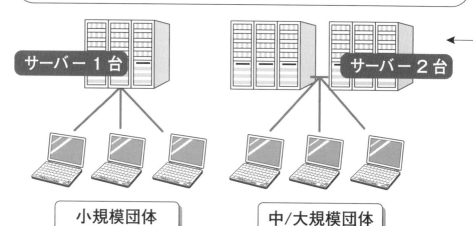

サーバー1台 / サーバー2台

小規模団体 / 中/大規模団体

ポイント　「地方公会計標準ソフトウェア」を利用する場合、「期末一括仕訳」と「日々仕訳」の2方式があります。また、「日々仕訳」か「期末一括仕訳」かは、自治体の規模、単独利用か複数人利用かなどによってハードウェア構成が変わります。日々仕訳を選択した場合、既存の財務会計システムとの同期化が必要となるため十分な調整が必要です。

規模の定義
- 小規模……人口10万人未満
- 中規模……人口10万人～100万人
- 大規模……都道府県・政令指定都市

規模ごとの設置システム
- 小規模……サーバー1台
- 中／大規模……サーバー2台、
  　　　　　　　又はそれ以上

●**設置のポイント**

「期末一括仕訳」の場合、扱うデータ量で最適な機器構成は異なってきます。

「日々仕訳」・複数人でソフトウェアを利用するなど公会計に係る事務の執行体制により最適な稼働機器は異なります。

自分の自治体が、「日々仕訳」か「期末一括仕訳」、単独利用か複数人利用かを事前に決めて機器構成を決める必要があります。

3章　通常業務に一工夫！　公会計のシステム設定

4 地方公会計標準ソフトウェアの導入方法

既存システムの対応

 ← 改修 標準ソフトウェアに対応した
データ出力に変更

新システムの対応

①機器のみ事業者より調達（職員がセットアップ）

職員がダウンロード＋セットアップ

ダウンロード

②機器及びセットアップを事業者へ依頼

職員がダウンロード

ダウンロード

ポイント 新しいシステムの導入は地方公会計システムと既存の財務会計システムの連携がカギであり、標準ソフトウェアが規定する形式でデータを出力するための改修が必要になる場合があります。ソフトウェアは無償配布されますが、ハードウェア、データベース管理ソフトウェア等は自治体の負担となります。また、標準的ソフトウェア稼働環境の構築には一定程度の専門的な知識が必要です。

● ソフトウェア導入のポイント

「地方公会計標準ソフトウェア」はJ-LIS（地方公共団体情報システム機構）のサイトにアップロードされており、各自治体が申請し、各自でアクセスして入手します。なお、「地方公会計標準ソフトウェア」はJ-LISより無償配布されます。

まず、既存システム（財務会計システム等）に対して標準ソフトウェアが規定する形式でデータを出力するための改修を行います。

次に、ハードウェア、データベース管理ソフトウェア等の費用を各自治体負担で調達し、稼働環境構築を行います。

なお、宇城市においてもスタンドアロン方式（PC単独）によるセットアップを行いましたが、ある程度の専門的な知識が必要でした。

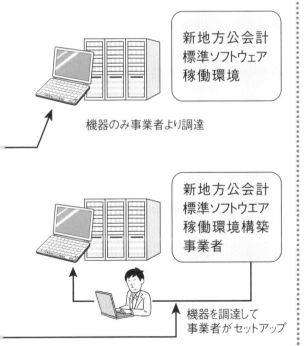

5 地方公会計標準ソフトウェアの仕訳方法

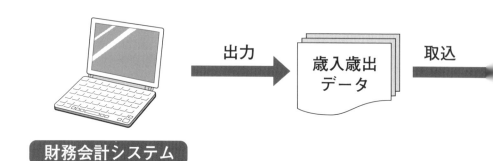

> **ポイント**
> 「地方公会計標準ソフトウェア」を利用する場合、「期末一括仕訳」と「日々仕訳」の2方式がありますが、仕訳変換自体に変わりはありません。ただし、「資金仕訳変換」時になるべく「仮仕訳」にするのではなく、「確定仕訳」にする必要があります。なぜなら、歳入歳出データの作成がキーポイントとなるため、財務会計システムと地方公会計システムとの予算科目の連携が重要となるからです。

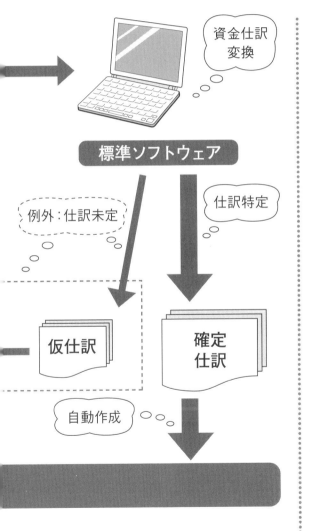

●確定仕訳のポイント

財務会計システムから出力される歳入歳出データを標準ソフトウェアに取り込むと、一定の仕訳変換ルールに則して自動的に仕訳されます。

変換の際、歳入歳出データから仕訳を特定できた分は「確定仕訳」として区分されます。

仕訳が特定できない場合のみ「仮仕訳」として区分され、この後、手作業で仕訳を特定します。

6　従来の仕訳の課題
——仕訳判断が難しい

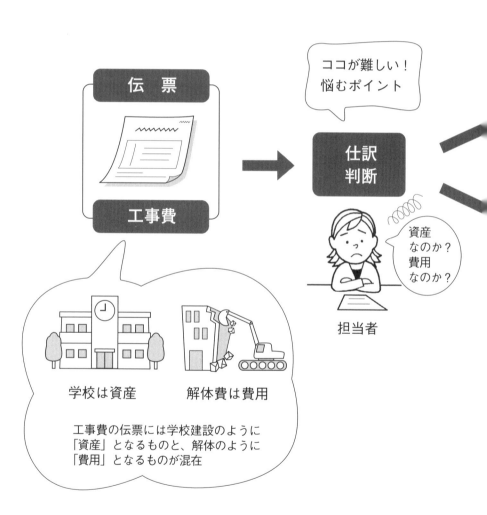

> **ポイント**
>
> 地方公会計財務書類の作成のうち、最もウェイトの大きい作業は「仕訳」になります。従来の「総務省モデル」では主に決算統計を利用した財務書類の作成でしたが、『統一的な基準』が求める「統一モデル」では原則的に伝票単位の仕訳が必要となります。大部分の仕訳は自動作成することができますが、工事費や委託料など複数の仕訳がある場合は手作業となり、このときに仕訳判断が必要になります。

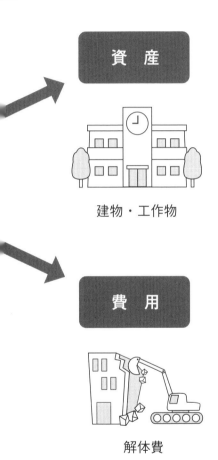

●仮仕訳の処理

「地方公会計標準ソフトウェア」の場合、財務会計システムから出力される歳入歳出伝票データを標準ソフトウェアに取り込み、一度、一定の仕訳変換ルールに則して自動的に仕訳に変換します。

仕訳を特定できた伝票は「確定仕訳」として区分され、仕訳が特定できず、仕訳候補が複数ある伝票は「仮仕訳」として区分されます。なお、「仮仕訳」として区分された仕訳は歳入歳出データの執行内容を勘案しながら、必要に応じて適切な仕訳に修正します。

仕訳判断が必要になった場合、仕訳をする人の仕訳能力が必要となるのです。

7 仕訳方法は3パターン

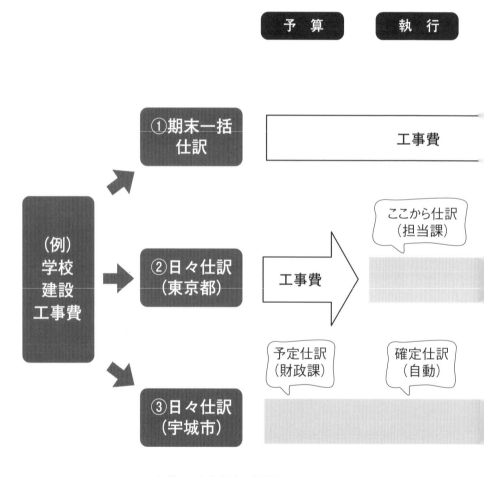

※アミ掛けの矢印(➡)は仕訳済みであることを示します。この段階で、公会計の固定資産台帳の仕訳ができることを意味します。

ポイント 仕訳方法には、年度末、四半期末等に一括して仕訳を行う「期末一括仕訳」と官庁会計の処理と同時に仕訳を発生させる「日々仕訳」の2種類があります。宇城市の場合は、「日々仕訳」と同時に予算編成時点に、官庁会計の科目から「統一モデル」の「仕訳区分」を自動的に変換させる「予算区分の細分化」を導入しています。

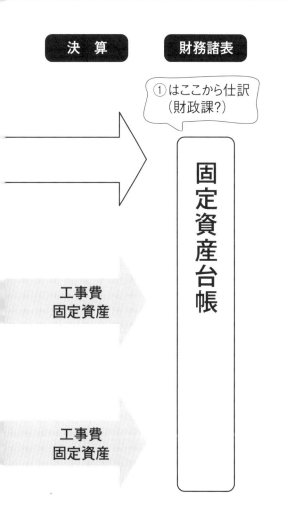

●**仕訳方法の特色**

①年度末に一括して仕訳を行う「期末一括仕訳」があります。事務負担の平準化等を目的として仕訳作成を年一回決算期に実施するのではなく、月ごとに事務負担を平準化する月次一括仕訳を行う団体もあります。

②官庁会計の予算科目情報に加え、「仕訳区分」の入力により、官庁会計の処理と同時に仕訳を発生させる「日々仕訳」があります。

③宇城市の場合は、官庁会計の予算科目情報に加え、予算時点から「仕訳区分」を自動的に変換させる「予算区分の細分化」を導入し、官庁会計の処理と同時に仕訳を発生させる「日々仕訳」を行っています。

8 期末一括仕訳 ——一時期に大量の処理が必要

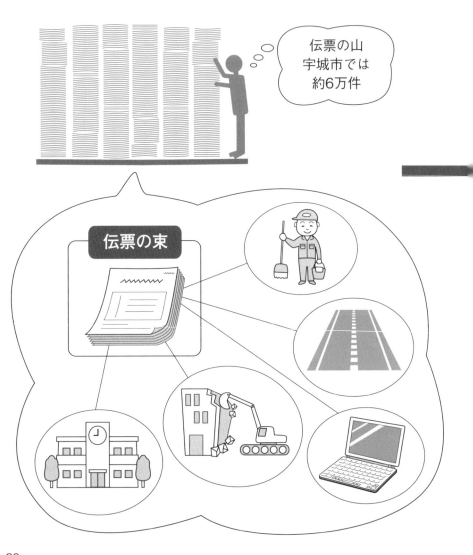

ポイント
期末一括仕訳方式は年度末、四半期末、月末等に一括して仕訳を行う仕訳方法です。ここで危惧されるのは、期末一括仕訳方式を採用した場合に１年分の伝票データ（宇城市規模でも約６万件）の仕訳・内容確認をまとめて行うため業務負荷になると想定されることです。仕訳判断についても伝票ごとに行う場合は膨大な作業量になります。言わば「決算統計」を２回行うようなものです。

●期末一括仕訳の課題

『統一的な基準』では、仕訳変換表（現金主義・単式簿記→発生主義・複式簿記）にあらかじめ複式仕訳の例を用意していることから、相当分の自動仕訳が可能となるとしています。

例えば「委託料」だけを見ても、道路や学校の実施設計委託料や工事監理委託料等の資産形成につながる委託料と、清掃費等の施設管理委託料等の行政コストにつながる委託料が混在しています。

これらが一括して計上された中から伝票データを１件ずつ確認するのはかなりの手間と時間を要すると思われます。

9 日々仕訳
——毎回仕訳判断が必要になる

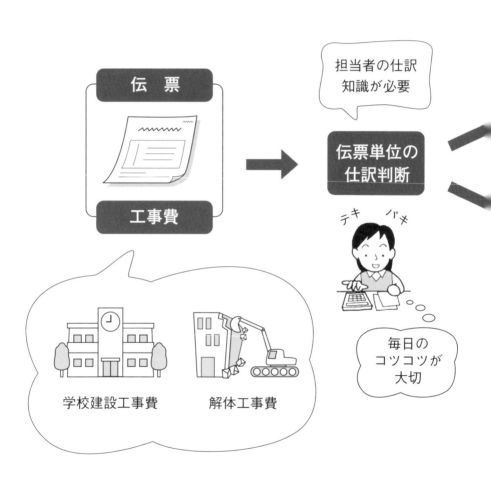

ポイント 日々仕訳方式は、官庁会計の伝票入力ごとにリアルタイムで仕訳を行う仕訳方法です。日々仕訳方式を採用した場合は伝票入力担当者に仕訳判断が任されるため、慣れないうちは簿記知識が少ない職員にとって仕訳確認は業務負荷になると想定されます。

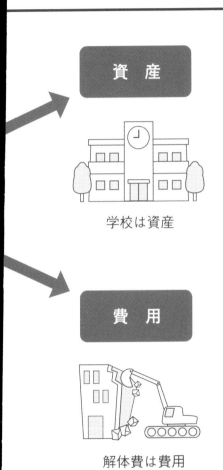

学校は資産

解体費は費用

●日々仕訳の課題

仕訳変換表（現金主義・単式簿記→発生主義・複式簿記）にあらかじめ複式仕訳の例を用意していることから、相当分の自動仕訳が可能であるが、すべてが自動仕訳ができるわけではありません。

例えば「工事費」だけを見ても、学校建設の工事請負費等の資産形成につながる工事費と、解体等の工事請負費等の行政コストにつながる工事費が混在しており、簿記知識が少ない職員にとってはこれらを仕訳判断するのは手間と時間がかかりますが、一時期に大量の処理をしないですみます。

コラム

3 韓国公会計改革の姿

　日本では、既存の決算を年度末に作り替え、財務諸表を作成する方式が中心となっています。しかしながら諸外国では予算執行によりデータが生成される時点から複式簿記、発生主義会計の処理をしていくことが一般的であり、韓国は地方・中央レベルでの現金主義会計と複式簿記発生主義会計をハイブリッドで導入しています。

　韓国の複式簿記発生主義改革は、1999年末の大統領政策企画首席の発案により、職員負担を軽減した情報化の力による発生主義会計を企てたことに始まっています。韓国地方自治体では2007年から全面適用しているところです。韓国では情報化を通じて自治体職員の負担を軽減することがプロジェクトの大きな特徴となっています。

　韓国地方自治体の発生主義複式簿記システムは自動仕訳を一般的に適用し、勘定科目を正しく選択し入力すれば、自動的に複式簿記の記帳がなされる仕組みになっています。ただし選択肢が複数出てくる場合があり、業務担当部署のサポートが不可欠な場合があり、さらに会計担当部署が仕訳を確認して承認するというプロセスが組み込まれています。

　日本の現状では、国がソフトウェアを配布する自治体レベルの取組みに依存しており、少なくとも日本の議論自体が、自治体レベルの試行錯誤に注目するのみならず、中央政府主導の改革を働きかける方向に転換していく必要があります。

　他方で、自動仕訳を導入しても、勘定科目の選択には知識を要するため、教育や研修も大きな課題です。韓国では実際改革前に公務員の半数が研修を受けるなどの努力をしています。それでも新たに導入すべき仕訳負担が職員負担を大幅に増やすかというと、そのウェイトは相対的にそれほど大きなものとはいえません。しかし、「既存官庁会計と同規模の複式会計をもう一本走らせなければならない膨大な負担をもたらす"黒船"である」といった恐怖感が先行しているため、啓蒙、宣伝が必要です。韓国型の複式簿記改革は一定の負担増、教育研修、行政職員への啓蒙、そして何よりも国主導の強力なリーダーシップを付け加えることで十分に可能であると考えます。

一歩先行く公会計システム
——宇城市の例

1　自動仕訳変換の採用

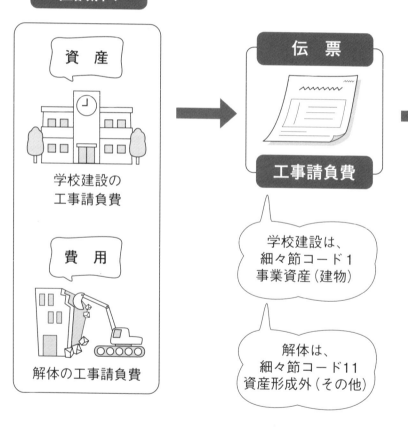

> **ポイント**
> 日々仕訳方式を採用した場合は伝票入力担当者に仕訳判断が任されるため、仕訳確認が簿記知識が少ない職員にとって業務負荷になると想定されます。そのために、宇城市では「予算の細分化」を行い予算時点ですべてに自動変換できる説明コードを付与しています。予算編成時点で資産計上と費用計上に予算区分を細分化しているため、担当者の仕訳知識が不要になっています。

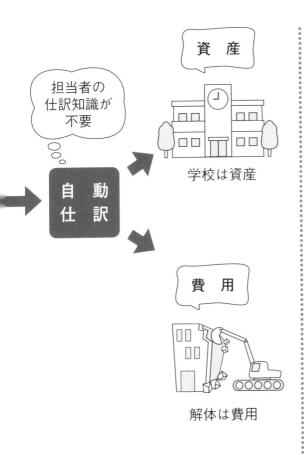

● **自動仕訳変換**

例えば「工事費」を例にとると、学校建設の工事請負費等の資産形成の工事費と、解体等の工事請負費等の行政コストの工事費を、予算科目の細分化によって区分しています。

予算時点から仕訳区分の自動変換がすべて確定しているため、簿記知識が少ない職員にとっては仕訳判断する必要がなく、通常の伝票処理と並行して仕訳作業が行われ、手間と時間を省略できます。

2 細節、細々節の設定

節 コード	節名称	細節 コード	細節名称	
15	工事請負費			
		1	工事請負費	
17	公有財産購入費			
		1	土地購入費	
		2	建物購入費	
		3	権利購入費	

ポイント 公会計の仕訳に合わせた細節、細々節、説明の設定が自動変換の大きなポイントになります。宇城市では、予算時点で官庁予算に対してすべての仕訳を1対1に対比させる「予算細分化」を行っており、細々節コードで大まかな仕訳コードを割り振り、すべてに伝票起票時に自動変換できる説明コードを付与しています。

細々節コード	細々節名称
1	事業用資産(建物)
2	事業用資産(工作物)
3	事業用資産(その他)
4	事業用資産(建設仮勘定)
5	インフラ資産(建物)
6	インフラ資産(工作物)
7	インフラ資産(その他)
8	インフラ資産(建設仮勘定)
9	資産形成外(維持補修)
10	資産形成外(災害復旧)
11	資産形成外(その他)
1	事業用資産(土地)
2	インフラ資産(土地)
1	事業用資産(建物)
2	インフラ資産(建物)

●**宇城市予算科目**

宇城市では「予算細分化」を行い予算時点ですべてに自動変換できる説明コードを付与しています。

例えば、「節15工事請負費」についても資産形成の工事費と資産形成外の工事費に細々節で区分しています。また、資産形成の工事費も事業用資産とインフラ資産とに分け、それぞれ建物、工作物、その他、建設仮勘定に区分しています。

資産形成外の工事請負費についても、維持補修費、災害復旧費、その他に区分しています。

「節17公有財産購入費」は細節により土地購入費、建物購入費、権利購入費に分かれており、土地建物についてはそれぞれ事業用資産、インフラ資産に分かれています。

このように細節、細々節、説明を細かく「予算細分化」することにより自動仕訳が可能になります。

3　仕訳ルールの設定

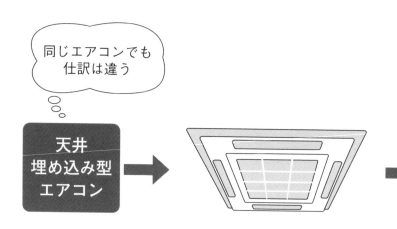

同じエアコンでも仕訳は違う

天井埋め込み型エアコン

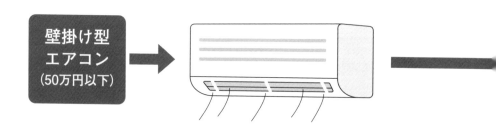

壁掛け型エアコン（50万円以下）

> **ポイント**
>
> 『統一的な基準』の手引きに記載されていない部分は各自治体で設定する必要があります。例えば、修繕料のルールです。例えばエアコンの修理では、天井埋め込み型のエアコンの取換えをした場合、耐用年数等が増える場合は工事費として資産計上、天井埋め込み型のエアコンのコントロールパネルの基板を修理した場合は修繕料として費用計上するなど、仕訳ルールを設定する必要があります。

**宇城市
予算科目**

節：15
　工事請負費
細節：1
　工事請負費
細々節：1
　事業用資産（建物）
説明：空調設備整備工事費

（資産へ）

節：17
　備品購入費
細節：2
　機械器具購入費
細々節：1
　一般備品
説明：事業用備品購入費

（費用へ）

●宇城市予算科目

　宇城市では、エアコン設置の修繕料と工事費についても仕訳区分をルール化しています。

　例えば、天井埋め込み型のエアコンは資産形成の工事請負費で、細々節：1事業用資産（建物）、説明：空調設備整備工事費に区分しています。

　壁掛け型エアコンについては行政コストで細々節：1一般備品で、説明：事業用備品購入費に区分しています。

4章　一歩先行く公会計システム──宇城市の例　91

4　ポイントは予算体系の設定

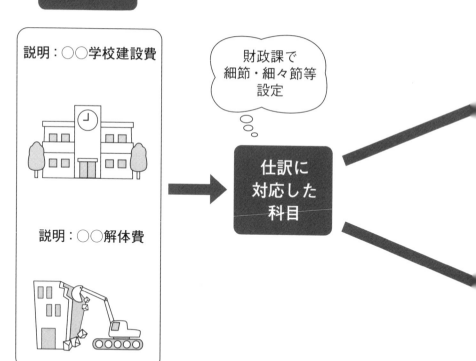

ポイント 宇城市では「予算の細分化」を行い、予算時点ですべてに自動変換できる説明コードを付与しています。予算時点から仕訳区分の自動変換がすべて確定しているため、自動変換仕訳され、職員の事務労力の軽減につながっています。「予算の細分化」は日々仕訳だけではなく期末一括仕訳にも自動変換仕訳ができるため非常に有用であると考えます。

●宇城市予算科目

例えば、予算編成時点で、学校建設の工事請負費等の資産形成の工事費については、細々節：1 事業用資産（建物）、説明：○○学校建設費とし、解体等の工事請負費等の行政コストの工事費については、細々節：11 資産形成外（その他）説明：○○解体費としています。

このように予算科目の細分化（細々節）によって資産と費用を区分をしています。

資産

細節：1
　工事請負費
細々節：1
　事業用資産（建物）
説明：○○学校建設費

費用

細節：1
　工事請負費
細々節：11
　資産形成外(その他)
説明：○○解体費

4章　一歩先行く公会計システム──宇城市の例

5　従来のどんぶり勘定予算管理の課題
── 建物別予算が見えない

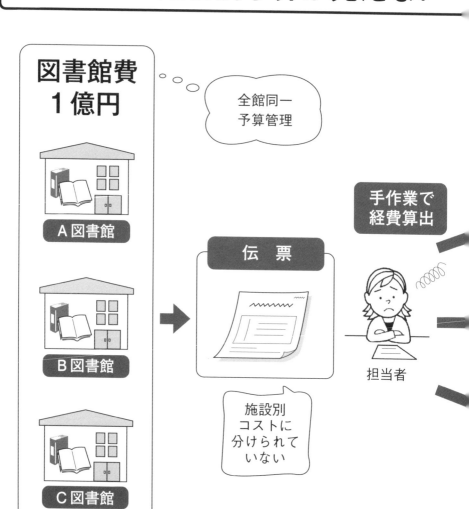

> **ポイント**
> 多くの自治体では「款項目」の予算科目で予算編成がなされており、事業別・施設別の財務書類を作成するためには、事業別・施設別に対応した予算編成を行う必要があります。例えば、図書館費として「目」で予算を束ねた場合、各館の施設別コストは手作業で各館の事業費を算出する必要があります。これを毎年度作成する場合はその都度手作業で区分するため、常に建物別の予算が不明瞭になりがちです。

●事業別・施設別

例えば、図書館費についても、款:教育費、項:社会教育費、目:図書館でA図書館、B図書館、C図書館の予算がまとめて計上されています。

これを、施設別の行政コストを算出する場合には手作業で、各図書館の経費を算出する必要があります。

メリットとしては予算額を総額管理できるために、細かい予算管理及び流用が不要になります。

しかし、予算編成時点での各館のベンチマーキング等が難しく、その後も手作業での事業別・施設別の財務諸表の作成となってしまいます。

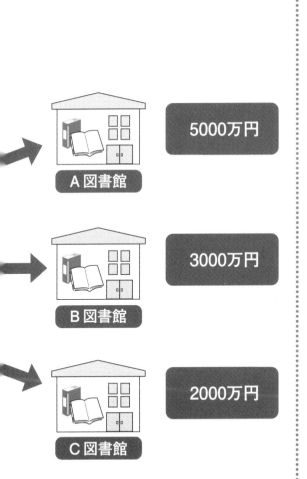

6　事業別・施設別予算管理で見える化を実現

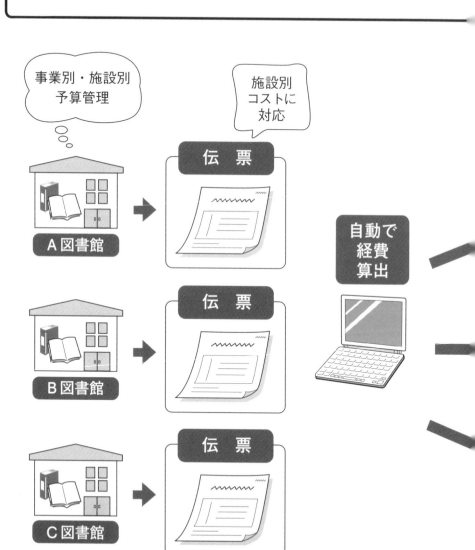

> **ポイント**
> 宇城市においては、例えば、図書館費については、款：教育費、項：社会教育費、目：図書館で、さらに「目」の下が事業別・施設別の事業体系になっており、A図書館事業費、B図書館事業費、C図書館事業費として事業別に予算計上されています。
> 宇城市では合併以来、事業別・施設別予算編成を行っています。このことが、予算の精緻化と予算執行（不用額の削減）につながっています。

●事業別・施設別予算

　施設別の行政コストを算出する場合は、通常の伝票処理時点で、すでに各図書館ごとの予算計上なので自動で各図書館の経費を算出することができます。

　このデメリットとしては、細かい事業単位での予算管理となるため流用が想定されます。

　しかし、事業ごとに細かく分かれているため、予算編成時点での各館のベンチマーキング等がやりやすくなります。財務諸表作成についても事業別・施設別の作成が容易となります。

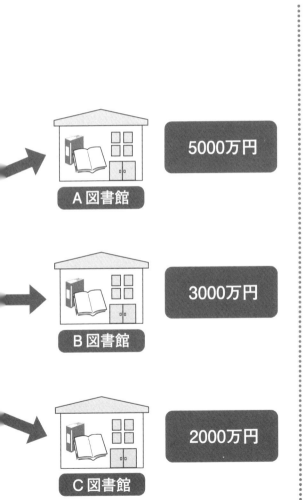

4章　一歩先行く公会計システム──宇城市の例　97

7　従来の固定資産の扱い方

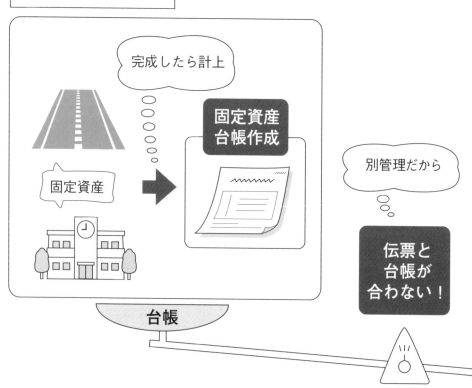

ポイント 固定資産台帳とは、固定資産を、その取得から除売却処分に至るまで、個々の資産ごとに管理するための帳簿で、所有するすべての固定資産について、取得価額、耐用年数等のデータを網羅的に記載したものです。従来はこの台帳の作成と請求書・伝票を処理する資産計上の作成が別の部署によって管理されていたため、別管理された固定資産計上額と仕訳された資産計上額との不一致が課題でした。

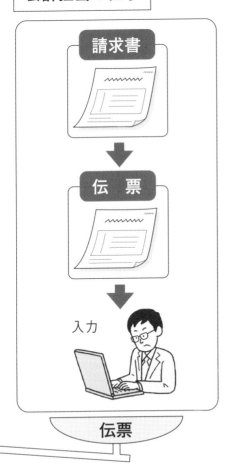

●**固定資産台帳**
　固定資産台帳は、単に財務書類の補助簿としてのみならず、資産管理に役立つものでなければなりません。そのためにも、記載単位としては、現物との照合が可能な単位であること、取替えや更新を行う単位であることの原則に照らして判断し、記載することが適当です。

8 固定資産台帳管理

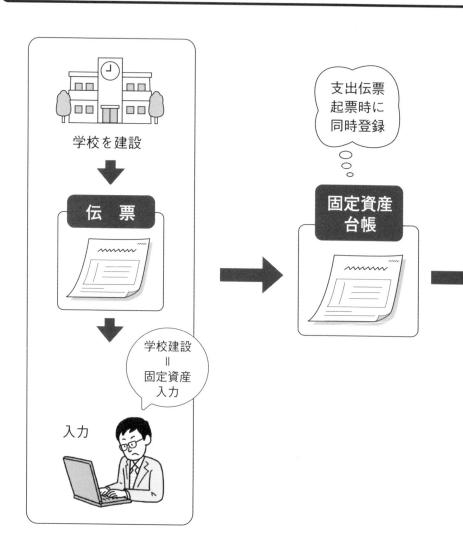

> **ポイント** 固定資産台帳登録は、日々仕訳の場合は、仕訳の発生の都度、固定資産台帳に登録することが想定されます。他方、期末一括仕訳の場合は、日々の執行データは既存の財務会計システム等に蓄積し、期末に一括仕訳を行った後に固定資産台帳に登録をすることが想定されます。いずれも執行データの資産計上額と固定資産台帳額を一致させることが必須となります。

● **固定資産台帳管理**

宇城市の場合、支出伝票起票と同時に固定資産台帳入力を行っているため、必ず執行データの資産計上額と固定資産台帳額が一致します。

日々仕訳、期末一括仕訳ともに、整合を図る観点から、期末に固定資産台帳と貸借対照表の資産残高が一致しているかの確認が必要です。

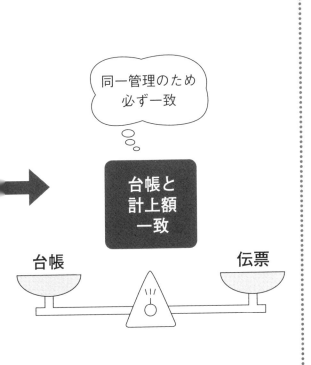

4章 一歩先行く公会計システム——宇城市の例 101

9 複数台帳の一括管理
——総資産台帳

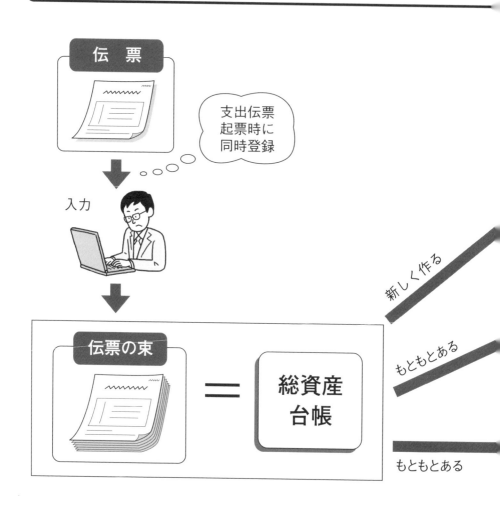

> **ポイント** 現行制度における各種台帳は、その目的や構造等において固定資産台帳と相違点も多いですが、一体的な管理を行うことが効率的な資産管理となる観点からも望ましく、既存の各種台帳から可能な限りデータを取得した上で、一元化を見据えた台帳として整備することも考えられます。宇城市では「固定資産台帳」「公有財産台帳」「備品台帳」を1つのデータベースで管理しています。

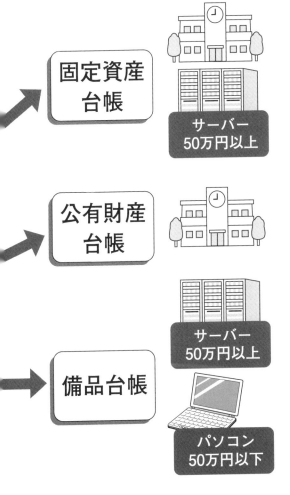

● 総資産台帳

特に、主として財産の運用管理を目的とする公有財産台帳と固定資産台帳については、内容が重複する部分も多く、相互の整合性を保持し、効率的な管理を図るためにも、資産番号等を共用させることが必要です。

例えば、「固定資産台帳」「公有財産台帳」「備品台帳」の3種類の台帳が存在しています。それぞれ「固定資産台帳」は50万円以下の備品を含まない、「公有財産台帳」は道路等のインフラ資産を含まないなど、基準が違う3種類の台帳を個別管理して整合性をとるのは難しいため、共通のデータベースから3種類の台帳を作成することで入力する担当者の負担軽減につながります。

10 GISを活用して現物を最終確認

宇城市GISシステム

固定資産
台帳データ

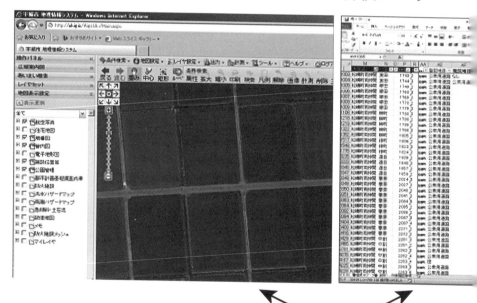

GISと台帳を見て確認

ポイント 固定資産は、地方公共団体の財産のうち極めて大きな割合を占めるため、地方公共団体の財政状況を正しく把握するためには、正確な固定資産に係る情報が不可欠です。固定資産台帳の整備にあたっては、現物確認も重要です。宇城市では、固定資産台帳整備のため、一筆ごとに地籍情報（GIS）との照合作業を行った結果、土地情報に表題のみあり、現地確認不能が9千筆ありました。

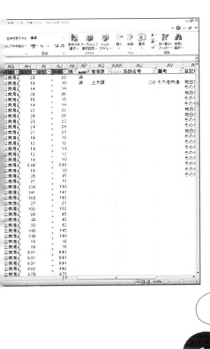

●**土地情報の収集・照合**

　固定資産税の土地情報のうち、宇城市（旧町等）登記名義情報を抽出（約3万筆）しました。

　地籍情報（GIS）との照合作業では、照合済みが約2万1千筆でした。

　固定資産税の土地情報約3万筆のうち、市道用地が約2万1千筆でした。

　土地情報に表題のみあり、現地確認不能で道路の一部となっている物件が多く、件数としては約9千筆ありました。

4章　一歩先行く公会計システム──宇城市の例　105

11 財政課による仕訳フォローの しくみ・しかけ

別表第4

平成28年度
現年度

通常払

支 出 命 令 書

						会計管理者
市 長	副市長	教育長等	主管部長	主管次長	支所長	主管課長

起 票 日	平成28年 4月 1日	主 管 課	財政課財産管理係
年 度	平成28年度	繰越区分	現年度

会 計	1	一般会計		
款	2	総務費		
項	1	総務管理費		
目	5	財産管理費		
事 業	388	公用車管理経費		
節・細節	18	備品購入費	2	機械器具購入費
細々節・説明	2	重要備品（50万以上）	3	自動車購入費

請 求 金 額　　　　　¥1,000,000

説 明	プレ軽自動車① 1,000,000円×1台 （バモス）

ポイント 適切な科目で仕訳されているか仕訳フォローとともに「固定資産台帳」への転記ミスを防ぐための仕組みが重要になります。宇城市では、固定資産の登録を行う必要がある予算科目等については、支出命令書起票時に、複式仕訳設定確認や固定資産台帳の登録確認を行うために財政課において仕訳確認と固定資産台帳については「財政課」のチェック欄を設け、確認を行っています。

●**宇城市のフォロー体制**

「財政課」が確認する科目は以下の通りです。
- 委託料（建設業務委託料）
- 工事請負費
- 公有財産購入費
- 備品購入費
- 補償費（補償金のみ）
- 投資及び出資金

また、予算編成時点での細節、細々節、説明の設定については原課ではなく財政課で一括して行っています。

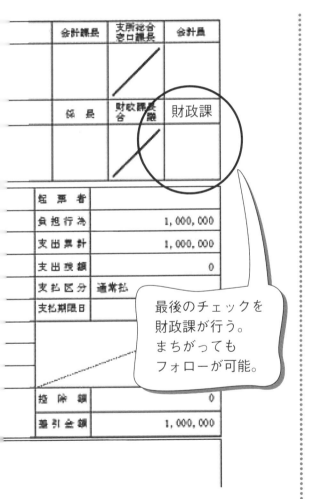

最後のチェックを財政課が行う。まちがってもフォローが可能。

コラム

4 宇城市における固定資産台帳整備

　宇城市では、合併前旧各町において公共施設整備を進めてきましたが、結果、施設整備後の維持管理経費、地方債債務の増大など、財政運営に大きな影響を与える要因となっています。また、今後の固定資産形成は、維持管理費増加の要因となることから、資産の費用対効果を検証し、全体の観点から資産管理のあり方を見直す必要が出てきました。

　そのため、施設の統廃合を含む活用策および今後の施設のあり方を十分検討し、改築・改修の計画や維持管理経費を推計分析するとともに、問題点および管理運営の改善策などをまとめた「施設白書」を策定し、平成20年3月に公表しました。これは、施設ごとの収入・支出の状況を明らかにするとともに、職員のコスト管理意識の醸成やコストに対する使用料収入などの収支状況の分析などを通じて、今後の効率的な施設運営や維持管理の合理化を図ることを目的としたものです。施設別コスト情報の「見える化」を契機として、統廃合に向けた議論が進みました。施設の中には、昭和56年以前に建築された耐震力不足の施設も多数あり、サービス低下を抑えるために、現在、施設で提供しているサービス（機能）については、どこかの施設で対応することを原則に取り組んでいます。

　資産台帳整備を行うことで、施設ごとの老朽化比率・減価償却累計額などの算定が容易となり、より効果的な資産管理（ファシリティマネジメント）が可能となります。事業別・施設別のセグメント分析を行うことで、公共施設管理計画に沿って、より効果的な施策（事務事業）評価・分析への活用につなげることも可能となります。公共施設総合管理計画は作成が目的ではなく、自らの実態を客観的に捉え、そこから見えた課題を解決していくために活用することが大切です。

　さらに、これらの資産管理やセグメント分析は、住民や議会へわかりやすい形で積極的に情報公開を行い、専門的知識を有する有識者の意見を聴くことで、さらに有用なものとすることができます。そのために、資産管理をどのように公開するのかも今のうちから考えておく必要があります。大変な作業だとは思いますが、それが"使える地方公会計"とする第一歩です。

できあがった会計情報を どう使うか

1 公会計情報の活用のしくみ

行政内部での活用 ⇓ 人口減少が進展する中、限られた財源を「賢く使うこと」につなげる

マクロ的視点

財政措置の設定

財政書類に係る各種指標を設定
→ 資産老朽化比率を踏まえた公共施設マネジメント等

適切な資産管理

- 将来の施設更新必要額の推計
  → 施設の更新時期の平準化、総量抑制等の全庁的な方針の検討
- 未収債権の徴収体制の強化
  → 貸借対照表上の回収見込額を基にした債権回収のための全庁的な組織体制の検討

ミクロ的視点

セグメント分析

事業別・施設別の行政コスト計算書等を作成することでセグメントごとの分析が可能

- 予算編成への活用
  → ライフサイクルコストを踏まえた施設建設の検討
- 施設の統廃合
  → 施設別コストの分析による統廃合の検討
- 受益者負担の適正化
  → 受益者負担割合による施設手数料の見直し
- 行政評価との連携
  → 利用者1人当たりコストを活用して評価

ポイント 公会計情報を活用するには、行政内部では自治体全体の財政指標の設定や適切な資産管理といったマクロ的なものと、事業別・施設別のセグメント分析といったミクロ的なものが想定されます。行政外部では、住民や議会等に対する情報開示が考えられます。
5章では宇城市の例を取り上げて、公会計情報をどのように活用するのかについて見ていきます。

行政外部での活用

情報開示

- 住民への公表や地方議会での活用
  →財務書類のわかりやすい公表や議会審査の活性化

- 地方債IRへの活用
  →市場関係者に対する説明資料として活用

- PPP/PFIの提案募集
  →固定資産台帳の公開により民間提案を募集

●セグメント分析

セグメントとは断片、部分、切れ目などを意味する言葉で、新公会計制度におけるセグメント分析とは、事業別・施設ごとに行政コスト計算書を作成し分析をすることです。

●地方債IR

IRとは「投資家向け説明会」のことです。市場公募地方債の発行条件や商品性向上等を図るため、機関投資家・引受機関等を対象に、地方債市場をめぐる現状や最近の地方債発行における特徴的な取組みについて、市場公募地方債発行団体の主催で説明会が行われています。

5章 できあがった会計情報をどう使うか 111

2 バランスシートから自治体の姿を見よう

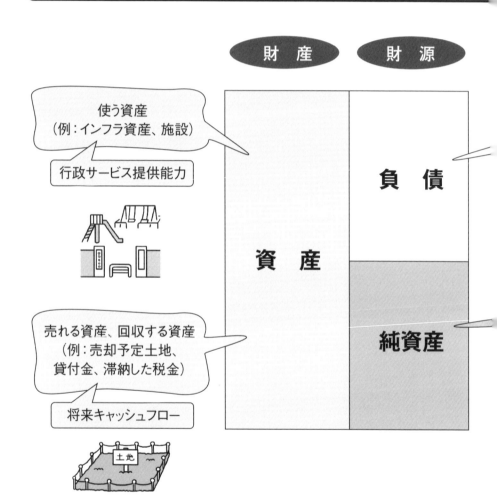

ポイント
バランスシート（貸借対照表）は、どのような資産をどのような負担で蓄積してきたかを表しています。宇城市では、効率的な財政運営と財政基盤の健全化を進めるために平成16年度の市町村合併を機に、財政状況について正確に把握し、今後の行政運営を進めるための連結バランスシートを作成しました。

将来世代の負担
（例：借金、将来支払退職金）

国・県の負担、過去
又は現世代の負担
（例：補助金、これまでに
負担した税金）

●分析の意義と方法

　市町村合併により、新たな行政運営をスタートさせる時点で、企業会計方式による財政分析の実施は意義のあるものといえます。

　平成15年当時は、総務省「新地方公会計制度研究会報告書」で示された方法に基づいたバランスシート及び行政コスト計算書の作成に加え、類似団体との比較、公営企業を含めた連結ベースのバランスシートの作成及び分析、将来バランスシート及び行政コスト計算書の作成及び分析を行いました。

3 バランスシートで 他自治体と比較をしてみよう

住民1人当たりのバランスシートによる他団体比較

(単位：千円)

		宇城市	H市
〔資産〕	有形固定資産	1,086	1,406
	投資等	146	81
	流動資産	67	47
	資産合計	1,290	1,534
〔負債〕	地方債	519	456
	退職給与引当金	123	59
	負債合計	642	515
〔純資産〕	純資産	657	1,019
	負債・純資産合計	1,299	1,534
	人口（人）	64,395	60,053
	面積（km²）	188.5	117.6

宇城市の場合は、合併団体なので同規模の非合併団体と比較を行いました。平成15年度末現在、宇城市民は1人当たり負債は642千円、純資産は657千円でした。H市の負債は516千円、純資産は1,019千円です。H市の純資産比率は1対2程度であり、宇城市の負債比率は高いことがわかります。このことは、宇城市の資産は将来世代の負担を頼りに形成されていることを表しています。

① 住民1人当たりの有形固定資産は、1,086千円とH市の0.77倍にとどまっている。

② 住民1人当たりの地方債残高は、519千円とH市の1.13倍である。

③ H市に比べ、住民1人当たりの負債合計が大きく、将来世代の負担が高い。

● 世代間のバランス

世代間公平性は、バランスシート上の資産、負債、純資産の対比によって明らかにされるものです。資産形成における将来世代と現世代の負担バランスが適切に保たれているか、どのように推移しているのかを把握するものであり、純資産比率や将来世代負担比率などがあります。

● 純資産比率

純資産の変動は、将来世代と現世代との負担の割合が変動したことを意味します。純資産の減少は、現世代が将来世代にとっても利用可能であった資源を費消し、将来世代に負担が先送りされたことを意味し、逆に、純資産の増加は、現世代が自らの負担によって将来世代も利用可能な資源を蓄積したことを意味すると捉えることもできます。

● 将来世代負担比率

社会資本等について将来の償還等が必要な負債による形成割合を算出することにより、社会資本等形成に係る将来世代の負担の比重を把握できます。

5章 できあがった会計情報をどう使うか

4 行政コスト計算書で 他自治体と比較をしてみよう

住民1人当たりの行政コスト計算書による他団体比較

（単位：千円）

		宇城市		H市	
		金額	構成比	金額	構成比
1	人件費	79	23.1%	64	19.7%
	退職給与引当金繰入等	6	1.9%	6	1.8%
	小　計	85	25.0%	70	21.5%
2	物件費	42	12.2%	37	11.3%
	維持補修費	3	1.0%	3	0.8%
	減価償却費	52	15.2%	58	17.8%
	小　計	97	28.5%	98	30.0%
3	扶助費	36	10.6%	62	19.0%
	補助費等	55	16.3%	26	8.1%
	繰出金	42	12.3%	39	11.9%
	普通建設事業費	11	3.2%	17	5.2%
	小　計	144	42.4%	144	44.2%
4	公債利子	11	3.3%	12	3.7%
	不納欠損額等	3	0.8%	2	0.6%
	小　計	14	4.1%	14	4.4%
	行政コスト合計	340	100.0%	326	100.0%

ポイント 行政コストを同規模自治体と比較することで行政コストの面での課題がよく見えてきます。平成15年度末現在、人件費はH市の約1.2倍、物件費が多いなど、合併市町村である宇城市の課題は人件費削減と、物件費の削減が大きなテーマであることがわかりました。また、扶助費の中でも生活保護費については市町村合併後に県負担から宇城市負担に代わり、大きく伸びることが予想されました。

① 住民1人当たりの人件費がH市の64千円であるのに対し、宇城市では79千円と、H市の約1.2倍に達している。

② 宇城市の住民1人当たりの物件費は42千円となっているが、宇城市では平成以降、有形固定資産が急激に増加しており、今後は施設管理費に加え、老朽化に伴う維持補修費の増加が予想される。

③ 扶助費については、H市が62千円であるのに対し、宇城市は36千円と低くなっているのは、H市では生活保護事業を有するのに対し、合併前の旧5町では生活保護事業は県の事業であったためである。市町村合併後は宇城市においても生活保護費が発生することになる。

● **住民1人当たりの行政コスト**

行政コスト計算書で算出される行政コストを住民基本台帳人口で除して住民1人当たり行政コストとすることにより、地方公共団体の行政活動の効率性を測定することができます。また、当該指標を類似団体と比較することで、当該団体の効率性を評価することができます。

● **扶助費**

扶助費とは、社会保障制度の一環として、生活保護法や児童福祉法、老人福祉法など、国の法律に基づいて支出するものと、地方自治体が住民福祉の増進を図るため、独自の施策において支出するものとがあり、現金・物品を問わず、被扶助者に対して支給される福祉施策経費です。

● **生活保護費**

実施主体は、都道府県知事、市長及び福祉事務所を管理する町村長であり、福祉事務所を管理していない町村は、都道府県知事がこの事務を行います。宇城市の平成28年度は住民1人当たり15千円です。

5章 できあがった会計情報をどう使うか 117

5 同規模の自治体と
　　比べてみよう

（単位：百万円）

項　目	熊本県宇城市	和歌山県橋本市	香川県さぬき市
平成19年度			
年度末人口	63,278	68,880	54,412
有形固定資産	88,764	120,385	96,731
純資産合計	57,770	94,810	70,111
地方債残高	34,278	28,093	30,457
平成26年度			
年度末人口	61,089	64.793	51,276
有形固定資産	88,452	122,866	88,409
純資産合計	70,768	89,752	77,829
地方債残高	29,327	34,601	22,112
人口増減	△2,189	△4,087	△3,136
有形固定資産差額	△312	2,481	△8,322
純資産合計	12,998	△5,058	7,718
地方債残高	△4,951	6,508	△8,345

ポイント　他市と比べることにより自市の立ち位置を知ることができます。市町村の財政運営は、各団体が置かれている地理的状況や運営方法により異なっています。各自治体が類似している団体(類似団体)の財政実態を把握し、それを尺度として利用することは極めて有用です。今回は平成の大合併で合併した同規模の自治体を比較しました。

宇城市
①有形固定資産は約3億円減少している。
②純資産は、約130億円増加している。
③地方債は、約50億円減少している。

橋本市
①有形固定資産は約25億円増加している。
②純資産は、約51億円減少している。
③地方債は、約65億円減少している。

さぬき市
①有形固定資産は約83億円減少している。
②純資産は、約77億円増加している。
③地方債は、約83億円減少している。

●有形固定資産
　有形固定資産とは、道路、公園、学校の土地・建物等であり、有形固定資産額の増加は、公共施設などの増加になります。また、土地を除いて減価償却を行うため、投資を行わなければ年々減少していきます。

●純資産
　純資産の変動は、将来世代と現世代との間で負担の割合が変動したことを意味します。資産形成がこれまでの世代によってどれだけ負担されているかを見ることができます。純資産が増加するほど少ない負債で社会資本整備を進めてきたことを意味し、将来世代の負担が少ないといえます。

●地方債
　地方債残高に着目し、将来返済しなければならない、いわば今後の世代によって負担を見ることができます。低いほど将来世代の負担が少ないといえます。

5章　できあがった会計情報をどう使うか

6 10年後の自治体の未来予想をつくろう

経年比較

(単位：百万円)

	平成15年度	平成26年度
【資産の部】		
1. 有形固定資産	69,942	71,231
2. 投資等	9,410	7,971
3. 流動資産	4,343	4,743
資産合計	83,695	83,943
【負債・純資産の部】		
1. 地方債	33,451	36,077
2. 退職給与引当金	7,913	6,614
負債合計	41,364	42,691
3. 純資産	42,331	41,252
負債・純資産合計	83,695	83,943

ポイント 宇城市では、平成15年の時点での中長期財政計画等を使って10年後の姿（将来バランスシート）を試作しました。当時の新市建設計画では平成26年度にかけて352億円の地方債発行を予定していました。そのため、平成26年度末の有形固定資産は712億円と平成15年度末時点と比較し1.8％程度増加することになり、将来世代の負担が増加傾向になることがわかりました。

① 平成15年度から平成26年度にかけての有形固定資産の増加率は1.8％にとどまっている。

② 地方債は、約26億円の増加が見込まれている。

③ この結果、将来世代の負担を表す有形固定資産に対する地方債の比率は、47.8％から50.6％へと悪化する。

●経年比較

有形固定資産の行政目的別（生活インフラ、国土保全、福祉、教育等）の割合を算出することにより、行政分野ごとの社会資本形成の比重の把握が可能となります。これを経年比較することにより、行政分野ごとに社会資本がどのように形成されてきたかを把握することができ、また、類似団体との比較により資産形成の特徴を把握し、今後の資産整備の方向性を検討するのに役立てることができます。

●地方債

将来世代の負担となる地方債の発行については、原則として将来にわたって受益の及ぶ施設の建設などの資産形成に充てることができるものであり（建設公債主義）、その償還年限も、当該地方債を財源として建設した公共施設等の耐用年数を超えないこととされています。

5章　できあがった会計情報をどう使うか

7 なりたい未来を 具体的に設定する

バランスシート(平成15年度)

| 資産 83,695 百万円 | 負債 41,364 百万円 |
| | 純資産 42,331 百万円 |

改革実施

ポイント　10年後の姿（将来バランスシート）を試作し、将来の姿をみて今何をすべきか、具体的な対策を提示することができます。宇城市の場合は、資産形成において、今後の維持管理費増加の要因となることが予想されることから、資産の費用対効果を検証し、宇城市資産の統廃合を検討するなど資産管理のあり方を抜本的に見直す必要があるとしました。

バランスシート（平成26年度）

資産 79,241 百万円

負債 32,428 百万円

純資産 46,813 百万円

具体的な改革

① 人件費総額を20％削減
② 事務事業の見直し、施設の統廃合などにより、毎年25百万円ずつの削減
③ 一部事務組合への負担金等の削減により、平成21年度までに毎年40百万円を削減
④ 扶助費の内容を見直し、毎年20百万円の削減
⑤ 特別会計の財政健全化などにより、毎年40百万円の削減
⑥ 受益者負担の見直し、新たな財源の発掘により、毎年11百万円ずつの歳入上乗せ

5章　できあがった会計情報をどう使うか

8 目標と実行計画を立てる

目標
- 具体的な目標（負債1：資産2）
- トップを含めた目標の共有

外部
- 議会への報告（施設白書）
- 市民への公表（広報誌・懇談会）

内部
- 施設白書・補助金評価シート
- 職員の意識改革

「バランスシート」「行政コスト計算書」を用い、宇城市の財政状況を分析した結果、宇城市の資産形成は、将来世代の負担による割合が高いことがわかりました。これは、財政力以上の資産形成を進めてきたことを意味しています。一方、今後資産形成の増加は期待できないため、改革への明確な目標設定をし、積極的に議会や市民へ情報発信し、行政内部の具体的な改革を実行しました。

具体的な改革

①宇城市全体の観点から資産の統廃合を検討するなど資産管理のあり方を見直す必要が出てきました。
　このように今後の財政運営は、従来の延長線上での考え方ではいかんともしがたく、資産形成のあり方など抜本的に見直す必要がありました。そのためにも、具体的な目標設定とトップを含めた目標共有を行いました。

②議会や市民へ情報提供を行い現状を理解してもらった上で、施設白書、補助金評価シートなど費用対効果分析などを行う評価制度創設を行いました。

9 市民へ目標を伝える

**広報うき平成17年7月1日号
市長室から（抜粋）**

- 「極めて悪い財政状況である」
- 5段階評価（A・B・C・D・E）のなかで最低ランクのE
- 通常2対1である正味資産対負債が1対1である
- 将来、子や孫に負債・負担を残さないように、投資を抑制し、費用の削減を検討
- 知恵とアイディアを生かした政策の実行

ポイント　明快な目標設定、市長自らのトップダウンによる改革の実行に続き、広報誌、行政懇談会など、様々なチャンネルによる広報を行います。
　宇城市では、市の家計簿（バランスシート＝貸借対照表）を広く公表しました。市の財政の実態を明確にし、その実情を市民に報告し、理解をお願いした上で、市政の展開を図っていきたいという初代市長の考えによるものです。

宇城市行政懇談会
旧町単位で開催される行政懇談会で、市長自ら状況を説明しています。

現状

負債と純資産の割合が
約1:1.37
負債（将来負担比率）の
割合が高い

現状分析
負債が多く、資産が少ない
　※理想的には1:2
将来負担比率
　142.7%（平成20年度）

市長

対策

借金（市債）を減らす
純資産を増やす
（行政コストを減らす）

具体的な対策
将来世代の負担を減らすために公共事業の抑制
　（必要最小限の起債）
職員数の削減
　（合併時670人を削減）

5章　できあがった会計情報をどう使うか　127

10 自治体のすべての施設を 把握する

市民にもわかる施設白書のＱ＆Ａ（一部）

Q：宇城市では、施設白書を作成したようね。どういった取り組みなの？

A：施設白書は、市民の皆さまに施設の"いま"をお伝えするものです。図表やできるだけ分かりやすい表現を使って、読みやすく工夫しています。

Q：宇城市内には、施設は一体いくつあるの？

A：全部で230の施設があります。

Q：それらの施設を維持管理するのに、年間、どれくらいお金がかかってるの？

A：光熱水費や設備点検料などの直接的な経費に職員人件費等を合わせると、約38億円（市民１人当たり約６万円）のコストがかかっています。

Q：結構かかってるのね。でも、その全額が、私たちが納めている税金でまかなわれているわけではないんでしょ？

A：市民の皆さまからの税金以外にも、施設の利用料金など、約５億７千万円をいただいています。

Q：ところで、白書を作成しただけでは駄目だと思うんだけど、今後、白書をどのように活用していくの？

A：施設を今後どのように管理運営していくべきかや、国や県などからもらえるお金が次第に減ってくるので、場合によっては、施設の統廃合や民営化などを検討する際の資料としても活用します。

宇城市では、様々な施設の現状や将来における課題を整理し、今後の施設の必要性や適正配置のあり方等についての基礎資料として「施設白書」を作成しました。市民ニーズに合致した施設の機能や適正配置等について検討し、230施設の現状把握と将来展望を施設別のバランスシートと行政コスト計算書、施設群による比較を行いました。

施設白書の目次(一部)

番号	施設群名	整理№			施設名
1	庁舎	1	−	1	宇城市役所
2		1	−	2	宇城市三角支所
3		1	−	3	宇城市不知火支所
4		1	−	4	宇城市小川支所
5		1	−	5	宇城市豊野支所
6		1	−	6	宇城市松合出張所
7	教職員住宅	2	−	1	松橋町教職員住宅
8		2	−	2	三角町教職員住宅
9	文化施設	3	−	1	インダストリアル研修館
10		3	−	2	働く婦人の家
11	郷土資料館	4	−	1	小川郷土資料館
12		4	−	2	松合郷土資料館
13		4	−	3	豊野郷土資料館
14		4	−	4	松橋郷土資料館
15	福祉施設	5	−	1	総合健康福祉センター
16		5	−	2	不知火老人福祉センター
17		5	−	3	豊野福祉センター
18		5	−	4	松橋老人福祉センター
19		5	−	5	三角老人福祉センター
20		5	−	6	ふれあいの館
21		5	−	7	元気老人交流施設「高齢者センター」
22		5	−	8	養護老人ホーム松寿園
23	保育園(所)・幼稚園	6	−	1	河江保育所
24		6	−	2	不知火保育園
25		6	−	3	豊野保育園
26		6	−	4	松橋保育園
27		6	−	5	青海保育園
28		6	−	6	戸馳保育園
29		6	−	7	大岳保育園
30		6	−	8	三角幼稚園
31	児童館	7	−	1	曲野児童館
32		7	−	2	竹崎児童館
33		7	−	3	波尾児童館
34		7	−	4	豊野町児童館
35	保健センター	8	−	1	小川保健センター
36		8	−	2	豊野保健センター
37		8	−	3	宇城市(松橋)保健福祉センター
38		8	−	4	三角保健センター
39	観光施設	9	−	1	松合ビジターセンター
40		9	−	2	不知火温泉ふるさと交流センター
41		9	−	3	蔵飴館
42		9	−	4	伝統工芸館
43		9	−	5	法の館
44		9	−	6	三角港築港記念館
45		9	−	7	戸馳花の学校

11 施設のセグメント分析をする

施設別行政コスト計算書

施設名称	A図書館	B図書館	C図書館	
【行政コスト】				
人件費	14,475	13,139	13,421	
退職手当引当金	1,080	585	1,080	
委託料	495	1,525	1,713	
需用費	1,759	5,336	3,205	
減価償却費	74	11,581	1,920	
その他	3,780	7,910	4,458	
行政コスト合計	21,663	40,076	25,797	
【収入】				
その他		4		
収入合計		4		

公の施設についても、資産やコストの状況を含めた各施設の経営状況を市民にわかりやすく伝えるため、施設ごとのバランスシートと行政コスト計算書を作成します。これは、収入・支出の状況を明らかにするとともに、職員のコスト管理意識の醸成やコストに対する使用料収入等の収支状況の分析等を通じて、今後の効率的な施設運営や維持管理の合理化を図ることを目的としたものです。

（単位：千円）

D図書館	E図書館
15,209	8,592
1,170	540
1,445	565
2,745	1,641
4,336	1,210
5,151	2,521
30,056	**15,069**

行政コストは、「人にかかるコスト」と「物にかかるコスト」に分類できます。

① 人にかかるコスト（例）：人件費（全職員の平均人件費で積算）、退職給与引当金

② 物にかかるコスト（例）：物件費（消耗品費、光熱水費、委託料、使用料・賃借料、備品購入費等）、維持補修費（施設修繕料等）、減価償却費　等

5章　できあがった会計情報をどう使うか　131

12 コストと使用状況から施設の管理方針を決める

	A図書館	B図書館	C図書館	D図書館	E図書館
蔵書数	27,299	72,813	39,767	40,273	8,573
貸出冊数	39,433	165,827	29,362	74.004	10,883
行政コスト(千円)	21,663	40,076	25,797	30,056	15,069
1日当たり貸出冊数	**108**	**454**	**80**	**203**	**30**
1日当たりコスト(円)	**549**	**242**	**879**	**406**	**1,385**

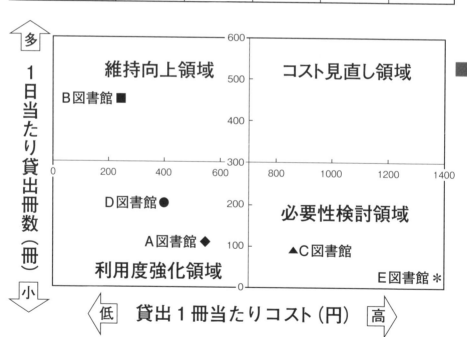

ポイント 行政コストだけではなくいろいろな視点が必要との観点から複数の指標が設定できます。例えば図書館では貸出冊数、利用率、利用者数などの非資金情報も加味しました。図書館の場合、1日当たりの貸出冊数の利用率と貸出1冊当たりのコストにより4分割で分類を行ない、これらの検討結果からC図書館は廃止解体、E図書館は移転し分館として縮小しました。

移転縮小

維持

廃止解体

●コストだけではない

左のポートフォリオ中の領域の定義は、次のものです。
- 維持向上領域
  1日当たりの貸出冊数が多く貸出1冊当たりのコストが低い領域
- 利用度強化領域
  1日当たりの貸出冊数が少なく貸出1冊当たりのコストが低い領域
- コスト見直し領域
  1日当たりの貸出冊数が多く貸出1冊当たりのコストが高い領域
- 必要性検討領域
  1日当たりの貸出冊数が少なく貸出1冊当たりのコストが高い領域

13 分析したら実行する

施設別管理運営方針方向性一覧 （一部）

施設群	No.	名称	地区	所管	耐震	方向性	
庁舎		基本方針					行政サービスの拠点として本庁の他、旧4町に機能を 【留意事項】 ＊事務の委託、空スペースの貸付など、 ＊施設利用の効率化を図るため、管内の
	1	宇城市役所	松橋	総務		現状維持	現状維持とするが、施
	2	宇城市三角支所	三角	支所		現状維持	現状維持とするが、施
	3	宇城市不知火支所	不知火	支所		検討	公民館、老人福祉セン
	4	宇城市小川支所	小川	支所	×	複合化	老朽・耐震不足施設の 併せて、現庁舎のあり
	5	宇城市豊野支所	豊野	支所		複合化	豊野図書館機能の集約
	6	宇城市松合出張所	不知火	支所	×	検討	窓口機能の民営委託を
保健センター		基本方針					一定の保健活動の場として、地域間の統合を行うと
	1	三角保健センター	三角	健福		検討	三角老人福祉センター
		（不知火老人福祉センター）	不知火	健福			＊（参考）不知火老人
	2	宇城市保健福祉センター	松橋	健福		検討	小川・豊野との統合を
	3	小川保健センター	小川	健福		複合化	小川総合福祉センター
	4	豊野保健センター	豊野	健福		用途変更	図書館（室）への用途
福祉センター		基本方針					地域福祉サービスの提供の場として地域間の統合を を行う。 【留意事項】 ＊現在、指定管理者制度による運営を ＊施設の老朽度合いの高いものについて
	①	三角老人福祉センター	三角	健福		検討	老朽施設のため、三角
	②	不知火老人福祉センター	不知火	健福		検討	支所、公民館との複合
	③	松橋老人福祉センター	松橋	健福		検討	市社会福祉協議会の移

（出典：平成27年3月 宇城市「施設別管理運営方針」抜粋）

ポイント 現在の社会・経済情勢や財政状況の変化を踏まえた上で、具体的な公共施設の見直しを行います。宇城市公共施設の見直し方針では、市が所有する公共施設のすべてを対象としています。具体的な施設について、利用状況や管理運営状況、収支状況等、施設運営に関する情報等を整理して、廃止を含めた方向性を明記し、平成31年度までに具体的な行動を起こすこととしています。

宇城市公共施設の見直し方針
(平成27年3月)

①機能の存続を原則に、公共施設の見直しを行う。
（機能移転・集約⇒複合施設化）

②公共施設の見直しに当たっては、客観的な見直しの判断を行うため、施設の概要を示す基本情報を始め、利用状況や管理運営状況、収支状況等、施設運営に関する情報等を整理する。

③本方針及び施設別管理運営方針に基づき、随時、各施設の見直しの方向性について検討し、原則として平成31年度までに取組みが完了することを目標に見直し計画（統廃合年次計画）を作成する。

④見直し計画により、施設の廃止、統合及び移譲等を進める。

5章　できあがった会計情報をどう使うか　135

14　かつての未来予想と
　　実際の姿を比較・検証する

普通会計貸借対照表

借　方【将来世代に引き継ぐ社会資本】				
資 産 の 部	平成27年度	平成17年度	増減額	負 債 の 部
1 公共資産	88,280	86,550	1,730	1 固定負債
（1）有形固定資産	87,766	85,624	①2,142	（1）地方債
（2）売却可能資産	514	926	△412	（2）長期未払金
2 投資等	11,157	7,966	3,191	（3）退職手当引当金
（1）投資及び出資金	6,786	6,305	481	2 流動負債
（2）貸付金	181	200	△19	（1）翌年度償還予定地方債
（3）特定目的基金	3,850	1,081	②2,769	（2）未払金
（4）長期延滞債権	393	500	△107	（3）賞与引当金
（5）回収不能見込額	△53	△120	67	負 債 合 計
3 流動資産	10,836	3,201	7,635	
（1）現金預金	10,773	3,081	③7,692	純 資 産 の 部
（2）未収金	63	120	△57	純 資 産 合 計
資産合計	110,273	97,717	12,556	負債・純資産合計

136

ポイント かつて予想した10年後の姿（将来バランスシート）と実際の10年後を比べて、その成果を検証します。宇城市は改革の成果として、平成27年度における負債：純資産は371億円：732億円で、目標設定していた1：2に非常に近い値となりました。

経年比較の結果

① 平成17年度から平成27年度にかけての有形固定資産は21億円増加している。

② 特定目的基金は、28億円増加している。これは合併特例基金33億円積立が主な要因。

③ 現金・預金は、77億円増加している。これは財政調整基金79億円が主な要因。

④ 地方債は、28億円減少している。これは起債抑制が主な要因。

⑤ 退職手当引当金は、21億円減少している。これは人員削減が主な要因。

（単位：百万円）

貸方【将来世代の負担】		
平成27年度	平成17年度	増減額
32,878	37,025	△4,147
27,912	30,685	④△2,773
695	0	695
4,271	6,340	⑤△2,069
4,192	2,959	1,233
3,861	2,627	1,234
100	0	100
231	332	△101
37,070	39,984	△2,914

【現世代までの負担や国県からの補助金】		
平成27年度	平成17年度	増減額
73,203	57,733	15,470
110,273	97,717	12,556

5章　できあがった会計情報をどう使うか　137

15　財政健全化指標につなげる

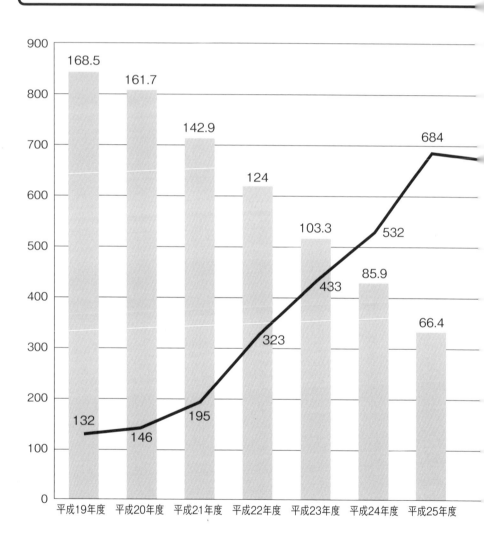

宇城市においては将来の姿を見て今何をすべきか、費用対効果を十分に検討した上で、必要な資産に「選択と集中」を行ってきました。その改革の成果により、財政調整基金（13億円→79億円）の大幅な増加や起債抑制による地方債の減、人員削減に伴う退職手当見込み額の減等の将来負担比率（168.5％→41.3％）が改善してきています。これを財政健全化に反映させることで、見える化させます。

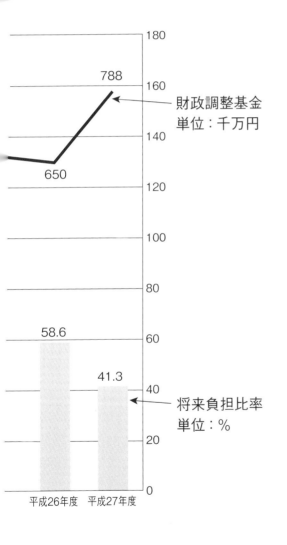

●将来負担比率

　将来負担比率は、一般会計等が将来負担すべき地方債残高、公営企業債残高に係る負担見込額、一部事務組合等が発行する地方債残高に対する負担見込額及び退職手当負担見込額などの実質的な負債残高を標準財政規模等で除した割合です。

　当該比率が高くなると、これらの債務残高が将来的に財政を圧迫する要因となるため、早期にその解消に努めていくことが必要となります。

●財政調整基金

　地方公共団体における年度間の財源の不均衡を調整するための基金。

コラム **5** 宇城市公会計改革の取組み

　宇城市では、初代市長が5町合併後の新市発足時にデューデリジェンス（資産価値を適正に評価する手続き）を行い、新市の財政状況に応じた施策の実施を行うという視点に応じて、平成17年6月に新市発足時点での資産・負債の状況を把握し、その分析結果を市民と情報を共有するために「総務省モデル」による連結財務書類を作成し公表しました。

　主な内容は、資産・負債の状況が、5段階（A～E）評価で最低ランクの「E」という「極めて悪い財政状況である」ことと、通常2対1程度であるべき正味資産と負債が1対1の割合になっていること、その主な原因が借金を行い、体力以上に施設建設等を行っていたというものです。

　また、連結財務書類の作成だけではなく、合併していない同規模の団体との比較と10年後の将来バランスシートの作成も行い、新市の課題を洗い出して改革の具体的な目標値を設定することにより、行財政改革を着実に進める取組みを行いました。

　課題克服に向けて、平成17年9月に「第1次宇城市行政改革大綱」を作成し、平成18年3月には「宇城市行財政改革（集中改革プラン）」を打ち出しました。このなかでは、職員数の削減、施設の統廃合や民営化などの歳出改革に取り組んだ改革目標の設定を行いました。

　この結果、宇城市の普通会計貸借対照表で、平成17年度と10年後の平成26年度を比較すると、資産合計は121億円増加し、負債合計は9億円減少し、純資産は130億円の増加になっています。負債対純資産の割合は、1：1.4から1：1.8に改善されています。特に資産のうち、現金預金が66億円増加し、固定負債の地方債が13億円減少している結果を見ると、公会計による分析を踏まえた改革の成果を実感することができます。

　財務諸表をどう使うのかとよく聞かれますが、事業別・施設別財務諸表のようにミクロ的改革もありますが、このように10年以上の長期間のスパンにわたる部分も非常に重要であると考えます。

6章

公会計で自治体はどう変わるのか

1 行政経営のあるべき姿を実現する

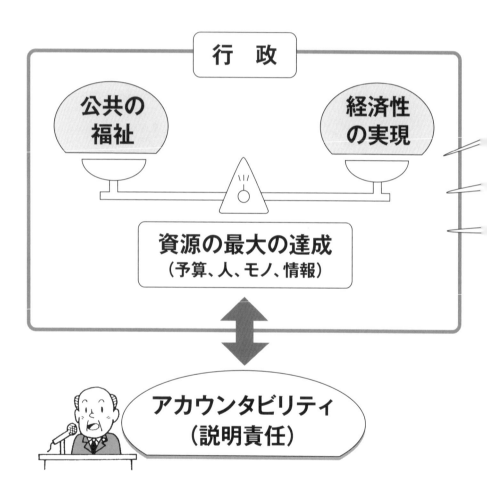

ポイント 公会計の最終目標は何かと問われれば、行政経営のあるべき姿をつくるための行政手法（道具）であるといえます。行政経営の目標とは、公共の福祉と経済性の実現の均衡を保つことです。そのためには、戦略的な視点、経営ビジョン、この目標を実現するためのしくみが必要になります。行政手法のもうひとつの道具である行政評価と組み合わせることで、行政経営のあるべき姿を形づくり、維持していくことができます。

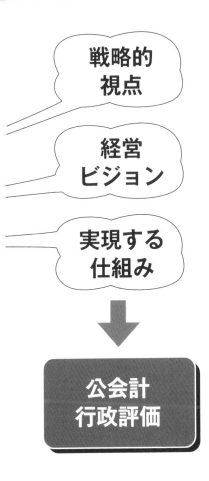

●戦略的視点

予算、人、モノ、情報という資源には限りがあります。いずれの資源も過不足なく適正配分をするためには「前例」に従う官の発想では限界があります。そこで、従来の官の発想にはなかった、組織の中長期的な方針や計画を示す経営戦略の視点が、行政経営には必要とされています。

●経営ビジョン

公選で選ばれた自治体の首長が経営ビジョンを描き予算付けをし、議会はそのビジョンについて意見を述べ、そして可否の判断を下します。議会の承認を受けたビジョンは、個別具体的な政策として細分化され、その執行を自治体の職員が支えます。

●行政評価と公会計の位置づけ

行政評価は行政の活動を一定の統一的な視点や手段によって客観的に評価し、その評価結果を行政に反映させる手法として機能します。公会計は会計のルールに従って、様々な政策執行にかかる費用が適正に使われたかどうかを判断する行政手法として機能します。

2 なぜ宇城市が 公会計改革をできたか

- 職員コスト意識
- トップダウン改革
- 明快な目標設定
- 研修、動機づけ

意識 改革

行政改革

公会計 改革

- 人件費の削減
- 施設統廃合
- 施設民営化

- 使い勝手のいいITシステム
  （自動仕訳、日々仕訳）

ポイント 宇城市の公会計改革を考えてみると、「意識改革」「行政改革」「財政改革」の3本の大きな柱を据えて行動したことが結果を残せた要因と考えられます。その中でも、「意識改革」の部分が大きく、宇城市では「明快な目標設定」と市長を筆頭にした「トップダウン改革」により「職員コスト意識」が働きました。それによって「行政改革」「財政改革」の具体的な改善策が実行につながりました。

●意識改革の柱
① 市長自ら市民への財政状況の公表を行うことによる市全体の意識改革
② 負債対純資産を1：2にする、そのために人員削減と投資抑制、行政コスト削減といった明確な目標設定
③ 施設白書、補助金評価シート等を使った職員のコスト意識の醸成

●行政改革の結果
① 職員数を合併当初（平成17年4月）670人を平成28年4月には512人に大幅削減
② 図書館等の統廃合による施設の減
③ 保育園、老人ホームの民営化、体育施設等の指定管理者制度導入

●財政改革の内身
① 財政調整基金に頼らない予算編成
② 起債償還額以上に起債借入はしない
③ 予算編成、施設白書等を利用したコスト削減

財政改革
- 均衡予算編成
- 起債発行抑制
- 施設別コスト

6章　公会計で自治体はどう変わるのか　145

3 財政の根本的な課題にメスを入れる

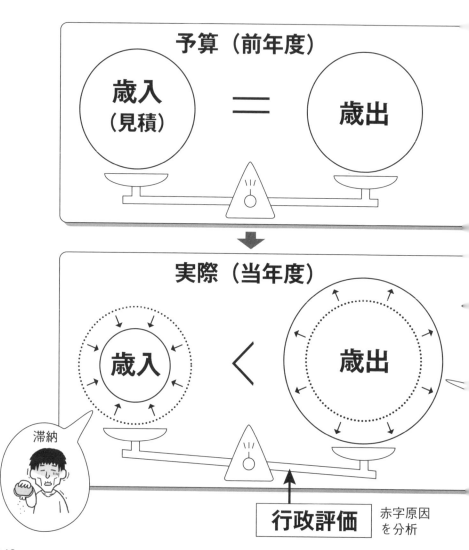

ポイント

公会計の本当の役割は、予算―執行―決算―評価のPDCAサイクルをつなぐエンジンです。

前年度の予算編成では歳入と歳出はバランスしますが、実際に執行する当年度では、歳入は少なく、歳出は増える傾向にあります。そのような状況を翌年の予算編成につなげられていないのが問題なのです。

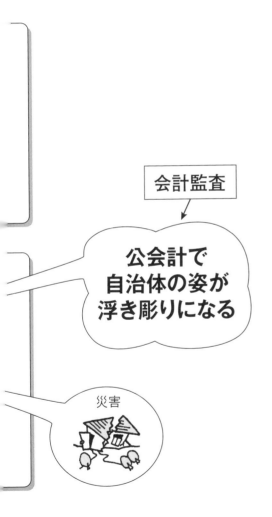

● **行政評価**

民間企業等の経営に活用されているマネジメントサイクルPDCAを行政経営でも活用しようとするものです。PDCAとはPlan（計画）、Do（実行）Check（検証）、Action（改善）の頭文字で、これを繰り返す継続的な活動のこと。民間企業では年間予算を立て（Plan）、ある一定期間事業活動を行ない（Do）、予定どおりの成果（利益）が得られたか分析し（Check）、成果が得られていなければ、その原因を改善し（Action）、次の事業活動に反映します。民間企業ではこうしたサイクルを1ヶ月、四半期ごとに繰り返します。

● **アウトカム**

事業活動の目的は事業活動の量（アウトプット）を増やすことではなく、事業活動による効果（アウトカム）の水準を高めることにあります。このため行政評価制度では政策ごと、事業ごとに、その目標となる「成果指標」を設定します。

6章　公会計で自治体はどう変わるのか

4 みんなに見て知ってもらおう。開示をすすめる

今までの情報

地域の住民へ向けた暮らしの情報 ← 地域の住民

観光情報 ← 観光客

行政の内部情報 ← 自治体職員

ポイント 興味あることや日常を SNS やブログで発表している人がいつしか注目を浴びるように、自治体も暮らし、観光情報といった従来のものに加え、公会計情報を積極的にまちの情報として開示することで、住民に加え、自治体外の人々、さらには外国の人々の注目を集めることができます。自らのアピールによって自治体に住んでくれる人が増えたり、ふるさと納税をしてくれたりする人が増える時代が到来します。

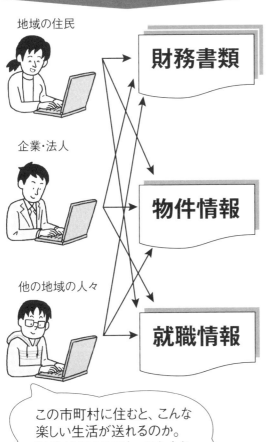

●財務書類の使い方

総務省の「地方公会計の活用のあり方に関する研究会報告書」によると、先進事例の活用事例として、本書で紹介した熊本県宇城市の事例のほか、予算要求特別枠による中長期的なコストの削減（愛媛県伊予郡砥部町）、広報誌、バランスシート探検隊等による財務書類についての広報活動（同町）、適切な資産管理のための基金の創設（京都府相楽郡精華町）、台帳の管理体制の強化（同町）の事例が紹介されています。

●市民による活用例

地域住民が地元のまちの財政状況を知ることはもちろん、今後固定資産情報の整備が進めば自治体 HP で地価や物件情報を示すことで、地域外の住民へ I ターンを促すことができます。さらに就職情報や企業情報がわかれば、このまちに住みたいと考える地域外の人たちにとって定住のための強い動機となります。

6 章　公会計で自治体はどう変わるのか　149

おわりに

　本書を最後までお読みいただき、ありがとうございました。

　読者のみなさんが抱く公会計に対してのアレルギーを取り除くことが本書執筆の目的であり、動機でした。この本によって、一人でも多くの方が感じる「公会計」特有の難解でやっかいという印象が少しでも薄まれば、著者としてこれほどうれしいことはありません。

　さて、この本による"アレルギー除去治療"を受けた読者のみなさんであれば、もうお気づきかと思いますが、財務書類は、行財政改革の「特効薬」ではなく、あくまでも自治体の「健康診断結果表」です。財務書類からわかる資産・負債あるいは行政コストの結果を正確に把握し、分析を行った上で今後どのような方向にしたいのかを判断する材料とすることが大切です。

　また、財務書類（健康診断結果表）を外部に公表し、実情を正しく知ってもらうこと、他の自治体と比較分析を行い、悪いところがあればどのような「治療」をどういった「方法」で行っていくのかという方向性を検証し、理解を求めていくことも大切です。

　健康診断の結果を踏まえた「治療」への取組み（行財政改革）の第一歩は、可能であれば財務書類を自ら作成し公表することです。自ら書類を作成しないと、財務書類自体が正しいかどうかの判断はできませんし、財務書類を活用するために必要な「施設別貸借対照表」や「事業別行政コスト計算書」を作成する際に、作り方自体や配賦方法などがわからず結果的に多大な時間を要してしまいます。

　財務書類を作成する際に注意することは、特定の部署だけで作成をするのは現実的に不可能だということです。固定資産台帳の更新や債権管理情報の整備などは予算執行や財産管理を日々行う職員の協力と公会計に関する全庁的な知識の醸成がやはり欠かせません。

このように今後、行財政改革を行う手段として、財務書類を活用し、継続した取組みとするためには、職員一人ひとりの地方公会計に対する意識改革と知識の醸成が最も重要です。自治体の職員にとっては、作成すること自体が目的となってしまいがちですが、本来あるべき姿は、財務書類の作成をまず行い、セグメント別に分析し、その結果を公表し、住民と共有することで様々な意見やアイデアを集約し、新たな施策の提案・実現につなげていくことです。これこそが地方公会計改革が本来目的とするものであると考えています。

　本書で紹介している宇城市の事例についても、一朝一夕にできたものではありません。

　10年間の改善計画と市長をトップとした全庁的な取組みがあり、純資産と負債の比率を2：1にするといった明確な目標を設定したことによりバランスシート改革が達成できたのだと思います。また、平成28年度から日々仕訳方式による伝票単位の自動仕訳ができたのも職員の協力があってこそ実現できたのだと思います。

　施設の統廃合についても、「施設白書」を作成して現状を把握し、「宇城市公共施設見直し方針」により具体的な方向性を定め、「宇城市公共施設等管理計画」を策定することで除却財源を確保することにより、ようやく図書館や公民館の解体統合が実現した経緯があります。

　これまで取り組んできた宇城市の地方公会計改革は、まだまだ道半ばの段階ですが、統一的な基準による財務書類作成の実務を行う上での悩みごとや課題を抱えている自治体は少なくないと思います。この地方公会計改革により、全国の自治体が実績を積み上げ、実務ベースの情報交換をすることによって、公会計の実務が精査され、それぞれの自治体で「新地方公会計」が定着し発展していけたらと考えています。

　　平成29年12月

　　　　　　　　　　　　　　　　　　　　　　　　　天川竜治

【著者紹介】

柏木　恵（かしわぎ　めぐみ）

　一般財団法人キヤノングローバル戦略研究所主任研究員。税理士。白鴎大学客員教授。博士（経済学）（中央大学）。

　2001年より富士通総研で国や自治体のコンサルティングに従事。2009年よりキヤノングローバル戦略研究所。現在に至る。

　日本財政学会員、日本地方財政学会員、国際公共経済学会理事。

　総務省「地方公会計の活用のあり方に関する研究会」委員（2016年度）。

　専門分野は、財政、地方財政、公会計、官民連携、英国の医療財政。

　単著に、『図解よくわかる地方税のしくみ』（学陽書房）、『自治体のクレジット収納』（学陽書房）、その他共著、執筆・論文多数。

天川　竜治（あまかわ　りゅうじ）

　熊本県宇城市総務部財政課課長。地方監査会計技能士。

　1992年に熊本県三角町（現宇城市）役場に入庁。2008年に監査法人トーマツ大阪事務所パブリックセクターへ出向し、自治体コンサルティングに従事。2009年に宇城市に戻り、企画課企画係長、財政課財政係長を経て、2015年より現職。

　政府会計学会（JAGA）理事（2017年度）、一般社団法人英国勅許公共財務会計協会日本支部会員。早稲田大学パブリックサービス研究所客員研究員（現招聘研究員）（2008年〜現在）、総務省「地方公会計の活用のあり方に関する研究会」委員（2016年度）、「地方公会計の活用の促進に関する研究会」委員（2017年度）。

　著作に、『自治体財政健全化法の監査』（学陽書房）共著、『公共経営と公会計改革』（三和書籍）共著。

図解 よくわかる自治体公会計のしくみ

初版発行　2017年12月15日

著　者 ――――――――――――――――――― 柏　木　　　恵
　　　　　　　　　　　　　　　　　　　　　　　天　川　竜　治
発行者 ――――――――――――――――――― 佐久間重嘉
発行所 ――――――――――――――――――― 学　陽　書　房

　　　　　　　　〒102-0072　東京都千代田区飯田橋1-9-3
　　　　　　　　営業● TEL 03-3261-1111　FAX 03-5211-3300
　　　　　　　　編集● TEL 03-3261-1112　FAX 03-5211-3301
　　　　　　　　振替● 00170-4-84240
　　　　　　　　http://www.gakuyo.co.jp/

DTP制作 ――――――――――――――――― フェニックス
印刷所 ―――――――――――――――――― 加藤文明社
製本所 ―――――――――――――――――― 東京美術紙工

　　　　★乱丁・落丁本は、送料小社負担にてお取り替えいたします。
　　　　Ⓒ Kashiwagi. M, Amakawa. R, 2017, Printed in Japan
　　　　ISBN978-4-313-16681-3 C3033

JCOPY ＜出版者著作権管理機構　委託出版物＞
本書の無断複製は著作権法上での例外を除き禁じられています。複製される場合
は、そのつど事前に、出版者著作権管理機構（電話03-3513-6969、FAX 03-3513-
6979、e-mail : info@jcopy.or.jp）の許諾を得てください。

◎学陽書房の本◎

税務実務で必須の基礎知識を厳選し、イラスト図表でやさしく表現！

自治体の税務課や税事務所で初めて仕事をする職員が知りたい仕事の概要、地方税の基本、税務実務のエッセンスがわかる！ 計算式一辺倒の実務書とは違い、税務部門の仕事で最低限必要となる情報を整理した。税務に携わる職員にとっての地方税の道しるべとなる本。

図解よくわかる地方税のしくみ

柏木恵［著］
Ａ5判並製／定価＝本体2300円＋税

◎学陽書房の本◎

複雑な自治体決算の機能と役割を図解で表現した唯一の本!

決算制度の全体像が一目でわかる! さらに、誰もが苦手とする決算書の見方、財政健全化法による健全化判断比率の考え方、決算制度と連動した財務4表などの要点をイラスト図解で端的に表現した本。決算制度を学ぼうとする職員、議員のための一番やさしい決算入門。

図解よくわかる自治体決算のしくみ

磯野隆一 [著]
A5判並製／定価＝本体2300円＋税

◎学陽書房の本◎

公会計のしくみがサッと読めて概要と運用方法がわかる本!

自治体が実直かつ健全な行政経営を行うために必要となる地方公会計がわかる! 会計の知識が十分でない初心者の方にもわかるように、現状の地方自治法に基づく地方公会計制度と企業会計方式による新たな新地方公会計制度の双方をやさしくコンパクトに解説。

一番やさしい公会計の本〈第1次改訂版〉

有限責任監査法人トーマツ　パブリックセクターインダストリーグループ［編］
A5判並製／定価＝本体2400円＋税